武沢信行
白川博司
筒井修

「世界起業」のススメ

—『和僑会』を創った男達—

カナリアコミュニケーションズ

はじめに

この本を手にとっていただき、ありがとうございます。

電車の中でスマートフォンをいじっている人、ゲームをしている人はいても本や新聞を読んでいる人はあまり見かけなくなりました。もちろん、スマートフォンで電子書籍を読んでいるのかもしれませんが。時代はどんどん変わっていきます。

みなさまの十年後は、そして二十年後は、どうなっているでしょう？　その頃、自分自身が何を考えて、どんなことをしているのか、考えたことがあるでしょうか？

人工知能（ＡＩ）の時代になり、単純作業の仕事がなくなっていくといわれています。

自動車は、その名前のとおり、自動運転が可能になり、運転手が不要になるでしょう。

スーパーマーケットのレジ打ちもいらなくなるのでしょう。

事務の仕事はどうでしょうか？　経理の仕事でさえも、今はどんどん自動化されています。

そんな中、あなたの今している仕事は十年後も存在しているでしょうか？　あなたの勤める会社は二十年後にどうなっているでしょうか？

また、日本はどうなっているでしょうか？

超高齢化、国家の赤字など多くの問題は将来的に解決しているでしょうか？　それらを考えると世界人口の２パーセントにも満たないこの小さな国でビジネスチャンスを探したり、競走したり、争ったりしている場合ではないような気がしませんか？

この本では、タイトルどおり、みなさまに「世界起業」をおすすめしています。もしかすると、日本の会社の社員でいることが、最大のリスクかもしれないと、考えているからです。

定年退職まで勤め、退職金をもらって会社を退くことができたら理想的かもしれませんが、そうはいかない場合も多いことを忘れてはいけません。リストラや、業績悪化による倒産、事業継承など、日本企業は特に大きなリスクや課題をたくさん抱えています。

もちろん、今の会社で給料をもらい続けるのもひとつの選択肢でしょう。けれども、広い地球の中で、日本をみた時に、自分のできることはもっとたくさんあることに気づくのではないでしょうか？

この本で我々の経験談や考え方をお伝えすることで、みなさまのお役に立てるなら嬉しいです。

筒井修
白川博司
武沢信行

「世界起業」のススメ／目次

白川博司の場合

武沢信行の場合

第三章　世界起業のススメ

第四章　起業の心得

第五章　起業家へのエール

第一章　起業の原点

筒井修氏、武沢信行氏、白川博司氏の３人に、まずは起業の原点について聞きました。すると、この３人にはある共通点がありました。その共通点こそが、起業を成功させた大きな原動力になっているのかもしれません。

◆コンプレックスはバネになる

まずは、自己紹介もまじえながら、起業するに至るまでを語り合いましょう。
起業の原点はどこにあったのでしょうね？

□筒井修

1943年3月20日三重県桑名市生まれです。

中学校を出て15歳の時から5年間工場へ勤めました。私の生きざまとしては、起業の原点はこの頃にあるのです。15歳で工場に行って、寒い中で震えながら仕事をしている、また、暑い中で汗を流しながら仕事をしているわけです。

ふと隣を見たらゆっくりとのんびりと事務をしている人がいる。これを見た時、私はなぜこの差別があるのかと考えました。そうすると、強烈に学歴の差を感じたんですよ。

中学出は現場、高校卒は事務所というような差があったわけです。

これは強烈なインパクトがありました。勉強の重要性に気づき、また学歴の格差に痛いほど気づき、とにかくショックで、学校は出ないといけないなあと感じ、小学校を出て、定時制の三重県立桑名高校へ進みました。

どうしても大学に行きたいと、当時は向学心に燃えていました。受験したら合格できたので、名古屋から通学できる愛知大学に入りました。

大学を卒業すると同時に、名鉄（名古屋鉄道株式会社）に入って、名鉄百貨店に所属しました。

ところが、サラリーマンをやっている時に、これは自分の考えたような会社ではないと、矛盾を感じ、40歳までには会社を出ようと思いました。


起業するにあたり、海外に支店があればいいなあと思い、いろいろ探したら支店が香港にあったので、会社（会長、社長）に頼んで香港に赴任させてもらいました。

40歳から60歳まで香港で仕事を一生懸命して、ある程度の人生の資産を十分に作りました。

60歳になって、ふと考えた時、中国には華僑《かきょう》というのがあります。日本でもこれと同じような会をやってはどうかと思い描き、60歳で和僑《わきょう》会をたちあげ、今日に至ります。

□武沢信行
1954年4月3日生まれです。

私も若い頃、最初に工場で働いていたというところは共通しています。

高校までは進学校でした。岐阜県で一、二を争う進学校に行っていたんですが、腎臓の病気で2カ月入院したら、あっというまに落ちこぼれになってしまったんです。

みんなが大学に行って、自分は行っていないというコンプレックスが7、8年続きました。自分は同期より遅れているというコンプレックスがあったのです。

学校へ行こうとは思わなかったのですが、少しでも追いつきたくて、本を読みまくりました。仕事が終わって、みんながカラオケで歌っているような時間に、寮にもどって本を読みまくりました。

コンプレックスはバネになりますね。

20歳で社会人になり、最初に町工場に入りました。鍛造という自動車部品の金型をつくる85人くらいの会社でした。

私自身は設計をやりたかったので、設計をやらせていただけるという約束で入ったのですが、ずっと3年半、鉄板に穴をあけるラジアルボール盤の職人の仕事をしていました。

それは決していやな仕事ではなかったのですが、社長の口癖が毎年「現状維持、現状維持、現状維持」でした。これはだめだと思い、辞表をたたきつけました。

次に入った会社は、経営計画をもとに株式を店頭公開するベンチャー志向の非常に高いスポーツ用品チェーンでした。

やはり仕事をする限りはこういうところでやってみたい！　と胸が熱くなりました。

そこの試験を受け、30数倍の狭き門、難関をくぐりぬけて採用してもらい、25歳で入社させていただくことができました。

最初の2～3年は店にいましたが、25歳から32歳まであしかけ8年、社員教育と経営計画という部門にいました。

この頃に、ドラッカーの本を読んだり、経営企画を作ったりしたことが、今の仕事の原型になっているわけです。

その後10年間、教育教材の仕入販売の代理店の副社長をつとめ、40歳から、現在の仕事である経営コンサルタントを始め、もう20年以上になります。

転機としては、西暦２０００年、コンサルタント独立6年後の46歳の時にインターネットに出会ったことが大きかったです。日刊無料メールマガジン『がんばれ社長！　今日のポイント』を16年間、平日は休みなく配信しています。

経営者読者が約２３０００人。本日現在の方々に毎日メルマガを配信しています。

□白川博司

１９４５年1月26日、終戦時に平城（現ソウル）で生まれました。

生まれてすぐ引き揚げてきたので、東京育ちといっていますが、ひとつ見違えたら、残留孤児になっていたかもしれません。

平城、今のソウルから帰国しました。

父親がソウル支社に勤務していましたので。

私自身は、50歳までごく平凡なサラリーマンをしていましたが、50歳の時にある本を書くきっかけがあり、通信販売コンサルタントとして独立しました。60歳の時に、筒井会長ならびに武沢先生に出会い、アジアというマーケットに対する興味が湧いて、職業的には、通信販売コンサルタント、海外進出支援コンサルタントとして、２００８年からスタートさせた（実行は２０１０年から）海外販路開拓ツアーを現在毎月のように開催して、今日に至ります。

主目的は、日本で売れている、メイドインジャパンの（通信販売コンサルタントとしての顧問先企業商品）商品群を中国及びアセアン地方へ売り込むことです。第一期は中国（大連《だいれん》、深圳《しんせん》）２０１０～２０１２年。第二期はタイ（バンコク）２０１３～２０１５年。第三期はベトナム（ハノイ、ホーチミン）２０１６～２０１８年。今年はその最終年で、来年から第四期としてマレーシア（クアラルンプール、ジョホールバル）２０１９～２０２１年を予定しています。

一期を約3年間として、次々に移動し、最終はミャンマー（ヤンゴン、マンダレー）２０２１～２０２３年と仮説し、トータル２００８年（63歳）から２０２３年（78歳）までの15年間の長期プロジェクトとなっています。

50歳の時に、まったく経験のないコンサルタントという世界に入って、現在73歳になります。50歳代、60歳代の起業を経て、70歳からは「シニア起業家支援コンサルタント」という三足目の「草鞋」を履く日々です。

今の私の原点は、どこにあったかというと……。

生まれたのは、昭和20年だったので、まわりも全て貧しかったのです。父親が大学に行っていなかったためか、息子だけは大学に行かせたいという思いがあったのでしょう。私は、大学に行ったのですが、そのあとはなんの特徴もない平凡な人生だったのです。

48歳から起業準備をしたのですが、50歳の時に原点ができました。それまでのうのうと生きてきた人間がそこそこまでやるには、人と同じことをやっていてもそこからでは追いつかないと思いました。

一流学校を出たわけでもなければ一流企業に勤めたこともないが、自分ひとりで稼ぐにはどうすればいいかと考え、興味を持ったのが通信販売でした。ここがブルーオーシャン、つまり誰もあまり手を出していない領域ではないかと思ったのです。

実務的通販コンサルタントは当時少なかったので、人と違うことをやらなければいけないというのが原点でした。なにしろお金がない、キャリアもない、師匠もない、仕事もない、50歳からだから、特に時間がない（5無い主義）、というないないづくしで、そこでがんばったのが原点かなという感じがします。

□武沢

3人の共通点は、若い頃、人より遅れていたってことですね。

□白川

それと、社会の枠組みに反逆してますよね。結果がついてこないと意味はありませんが。

◆マイナスの環境から自立へ

□筒井
どうしてこういう性格になったんだろう？　と考えた時に、親の影響が大きいのです。教育という教育はうけていないんだけれど、戦時中のような。昭和33年、中学を卒業して15歳の丸坊主で会社へ行きました。

親も鉄工所で勤めていました。別に学校は行かなくてもいいと。

行きたい奴は、自分で考えて行けという親の教育方針。そういう強烈な環境に育ちました。

放任主義の中で親離れしていきました。自分で考えなければ、なにも前に進んでいかないと。

□武沢
親離れというか、子離れというか。

私も20歳になって就職してすぐに家を出て、寮に住んで、掃除洗濯は自分でして、自立心が早いうちに芽生えました。

30歳くらいになっても親が作ったお弁当をもってきて、親離れしない人は、ビジネスマンとして決断できない人が多いですね。

□筒井
ビジネスマンどころか、人間としての目標すら持っていない、依存症の人が90パーセント以上いるのでは?

依存心のかたまりのような人が多いですよね。

僕の場合、やりたかったら自分でやればいいという環境だったのです。親に金を出してくれといえないから、奨学資金が出るところしか選択肢がなかったわけです。

□白川
私は50歳から起業しているのですが、父親の位置づけを考えました。

1945年8月15日に父権が終わり(終戦)、そのあとは母権の時代です。

が、私は父親しか見ていなかったので、まずは父親を乗り越えることを考えました。内面的に父親を乗り越えることを考えたのですが、父はしっかりしていたので、どうがんばっても乗り越えられないのです。

ひとり息子としてかわいがられたこともあったので、私は父を乗り越えようとするのをやめようという考え方になりました。

50歳過ぎまで、明治生まれの頑固な父親は乗り越えられないと、乗り越えようと努力するのは無駄だと思ったわけです。

親父が社会の一線を退き、やっと自由になったという思いで、50歳から起業したわけです。

自分勝手な人生ですが、自分の経済的地位があがると、結果として家族も幸せになります。自分が幸せでなくて、人を幸せにはできないわけですから。

□武沢

ひとりって、ある意味ではいいことですね。自分で考え、決めざるをえないから。

□筒井

私の場合、親は放任主義だったので、自分が考えるしかなかったです。

生活費用も出してくれません。やりたかったら、自分でやったらいいじゃないか、という親でした。

奨学資金やアルバイトで生活をまかなえるのならばやっていけばいいだろうし、という考えでした。

大学を出て、ぼんやり考えて「大会社に入るといいのかな」と思い、いざ大会社に入ると、激しい中で、なんというういいかげんなというか、甘っちょろい生き方をしている人たちばかりかなと。上司にいっても、反対意見をいう社員より、シッポをふってくる、ゴマをする奴のほうがかわいいという精神はどういうことなんだ、と憤りを覚えました。

この会社は僕には用はないということで、30代はもんもんとし、40歳になったら限界だから飛び出そうと思っていました。事業をやるにもなにかを学ぶにも40歳までだと。

上司にお願いして、やっと海外支店の香港に飛び込んでいったのです。「3年間ご苦労だけど行ってくれ」と上司にいわれましたが、苦労どころか、自分でお願いしたんだから、香港から帰るものかと思いました。普通のサラリーマンとはまったく違うんですよ。

一週間目に、ここで生活をするなら家を自分でなんとかしなければいけない、と自分の頭で考えました。これからのことを含めて、一生懸命知恵を出し切り、行動を起こさないとなにも進まないぞと思ったんですね。

□武沢

今はスマートフォンで簡単にネットにもつながりますが、当時はＬＩＮＥもｍｉｘｉもないものですから、とにかく孤独なんです。

仕事が終わって寮にもどると、し～んとしています。本を読むか、テレビを見るくらいしか、やることがなかったのです。今みたいに居酒屋も多くなかったし、そもそも、お酒も飲めなかったですし。

人生計画を作るっていう本を読みました。『ライフワークの育て方』という井上富雄さんが書いた本だったのですが。

25年計画を作ってＩＢＭの部長になったというのを読んで、僕も25年計画を作ろうと思ったのです。

大学ノートとペンを買ってきて線を引いて、25年計画を作りました。

25年たったら俺も48歳になるってことに初めて気づき、愕然としました。俺は絶対48歳にはならない、と鳥肌が立ちましたが、もう今62歳です。（笑）

転職したのも、かみさんと結婚したのも、その時作った人生計画のおかげです。

30歳までに結婚すると決めたので、おしりに火がついて必死で結婚相手を探しました。

決めると強いですよね。ちゃんと結婚できました。

□白川
親からいわれたとかではなく、ひとりで決めるってことが大切ですよね。

ひとりで決めるということは孤独なのですが、私は孤独を好きになろうと思いました。病気になったら病気を好きになろうと、全部前向きに考えました。「楽天主義」のかたまりです。

◆これからの夢、計画について

□筒井

香港に行って、20年たって60歳になった時に、私はふと考えたのです。香港である程度の資産を貯めたので、貧しいところに育ったこともあってか、お金に対してはもうこれで十分なのでは？　と思いました。

そうしたら、次はどうすべきか？　と考えた時に、最終的に人は、人のために生きていくべき、人が喜ぶことをするべきではないかと。香港の若者が、会社をつくったり、起業して悩んでいるのです。パソコン教室、あるいは貿易や人材派遣など、いろいろなことをしていたのですが、彼らを集めて話を聞いてみると、悩みも多く、まちがったことをしているケースも多かったわけです。

私はもうすでに香港で20年のビジネス経験がありましたから、自分が経験してきたことを彼らに学んでもらえばいいのではないか？　と思ったのです。起業して悩んでいる人たちを集めて、毎月勉強会をしていくと、彼らのためにもなるだろうと考えました。

あるいは、我々年輩者が人脈を紹介していくのもいいことではないかと思って、2004年に和僑会という組織を立ち上げました。

この会は、アジア、アセアン、日本、北米にはすでにあるので、南米、ペルー、ブラジル、チリ、アフリカだとか、世界中の日本人のいるところに、起業家のネットワークを広げたいと思っています。今の時代は、インターネットが発展していますから。

世界的ネットワークを広げるのと同時に、日本で元気のない若者たちに、名前はなんでもいいんですが、「和僑ニュース」のようなものを発信し、大学にネットワークを作って、そこへ見に行くようにする、1週間でも1カ月でも体験させてあげる、つまりなにも心配せずに、日本の若者たちが海外に行ける機会を作りたいのです。

若い人たち、これからの人たちのために、世界的ネットワークを作ってあげたいと思うのです。

□武沢

海外の話題ではないかもしれませんが。

40歳で仕事を始めて一貫してやってきていることは、経営計画作りです。私が直接、実際に支援をした会社は3000社をこえました。調べたことはないのですが、経営計画を3000社直接指導しているところは、他にはないのではと思っています。

経営計画とは、経営者の志、理念の実現のために、経営をやることです。

いくら儲かったとか、ブームとか流行り廃りなどを追いかけてばかりいる、シッポをふる犬のような経営ではなく、骨太の経営者になっていただきたいので、計画を理念ベースに進めていきます。


さらに今後はそれを進化させて、経営者道場をメニュー化していきたいと思っています。経営者は、単に経営ができればいいわけではないのです。経営者には、人間力が必要なのです。西洋思想、東洋思想、人間学のようなものも必要でしょうし、禅、茶道なども含めて、総合力を持った経営者を育てることが重要になってきます。もちろんとてもひとりではできないので、いろいろな専門家に協力していただき、3年か5年くらいで社長を育てていくような、当然後継者も入ってくると思いますが、そういうものをやっていきたいですね。

アジアに関しては、2003年に筒井会長に連れられて上海に行った時に、ダイナミックなエネルギーを感じました。前のめりに生きなきゃいけない、このチャンスを逃したら、次はいつ来るかわからない、と思い、その場で契約しました。上海の賃貸オフィスを契約し、毎月10万円の家賃を払うことになったので、使わないともったいないじゃないですか。ほぼ毎月上海に行くうちに、人脈ができました。

上海の賃貸オフィスに毎月行き続け、杭洲の会社とパートナーシップを組んで、中国語バージョンのがんばれ社長メルマガを毎週月曜日と木曜日に、4年間配信しました。今は中国語バージョンのメルマガは発行していませんが、アジアの息吹を日本の起業家や経営者に少しでも知ってもらいたいということで、メルマガにはしばしば書いてきました。

今後は中国が徐々にアセアンになったり、南米、アフリカなどエリアは変わる可能性はありますが、ダイナミックにリスクを負って、チャンスにかけていくという精神は忘れちゃいけないと思うし、日本にないとはいいませんが、海外にはよいお手本がたくさんあります。

5年計画で進化させる場合にも、経営哲学の理念の部分はブレません。

ボキャブラリーという意味で、より斬新なおもしろいいい方が見つかるかもしれませんが、底辺にある大きな部分の理念はブレないのです。理念の上にのっかってくる中長期の方針や戦略は変わってくると思います。しかし、理念そのものは大きくは変わらないと思います。

□白川

私自身は通販コンサルタント（通販は仮説と検証のビジネスモデル）なので、明確に計画を決めていまして、日本の中小企業がまず海外に出て、売りあげをとるきっかけ作りが私の使命だということがミッションになっています。中国、タイ、ベトナム、都市的にいえば、上海、大連、深圳であり、チャイナプラスワンがバンコクになって、バンコクプラスワンがホーチミン、ハノイになってきています。今年はハノイを中心に、いろいろな販路進出営業をしています。（16ページを参照）

10年前からスタートし、その時はもちろんゼロでした。8年前から売りあげが計上でき、今年はだいたい全売りあげの10パーセント近くになった会社が何社も出てきました。最終的に5年後は、海外の売りあげ比率を全体売りあげの20パーセントという目標をおいています。

日本国内で20パーセント売りあげアップは大変なので、国内で縮小する市場に比べて、それにかわるものとして、アジアの市場、アセアンと中国20億の市場にどうやって売って行こうかと、海外販路開拓ツアーを年6回以上主催しています。

若手の地元経営者と出会えて、そういうレベルの人はそれなりに日本語ができて、留学の経験もあるという人も多く、将来のビジネスパートナーとしても有望です。いくらいっても行かない人はだめです。私論として、初上陸した地区（都市）には2カ月以内に再訪することが、アセアン進出ビジネスの成功パターンです。

□筒井
行くか行かないかは、それぞれの生き方ですから自由ですが、行かないのはもったいないないと思いますよね。

白川先生もいいところに目をつけられました。通販はこれからネットが発達していけば、伸びていきます。

コンサルタントは何人かいるかもしれないが、通販コンサルタントで海外へ展開しようという人はいないでしょう。だから、ひとりで独占的にやれるわけですよね。

武沢さんの場合も、経営者メルマガを毎日出している人は、他にいなかったですから。その他多数の分野と競合する場合、伸びていくのは難しいが、それぞれ独自のものを持っていらっしゃるので伸びるしかないのです。

人の考えないことを考えて実行していくというのがすばらしいです。人と競合することを考えても価格競争になるが、誰もやっていないことは価値があるので、価格をあげていくこともできますよね。

□白川
おっしゃるとおりですね。我々に共通しているのは、読書なんですよ。たえず移動時間が多く本を読むのですが、今の若い人には、やり続ける人があまりいない。

□筒井
地下鉄の中で人を観察していても、スマホを見たり、ゲームしているか、寝ているかがほとんどですよ。真剣に読書をしたり、自分で試作を練ったりしている人は、おそらくほとんどいないでしょうね。

ほとんどの人が当たり前のような人生を、当たり前のように生きていて、不平不満があり、そのままお亡くなりになるというケースだと思うんですが、僕なんか不平不満をいっている暇がないのです。それも生き方の問題ではないかと最終的には思うんですよね。

なぜ私はこんなに、暇があったら本を読んでいるんだろうと思うと、自分の時間がもったいないからなのです。人生80年なら80年（今は人生100年時代）、私に与えられた時間、筒井修という男に与えられた時間は、引き延ばせないわけですから。

残り10年とか、平均寿命から見ると、そんなふうに限りがあり、なんとなく、ぼ〜っと過ごす時間などないです。あの時やっておけばよかったと思っても、あの時は二度と来ないわけですから。

なにをやるにしても、なにかに真剣にやりたいのです。スキャンダルばかり追いかけている週刊誌を見たり、ゲームをして喜んでいる時間はありません。

◆座右の銘

□白川
みなさんの好きな言葉はなんですか？　座右の銘のような言葉はありますか？

□筒井
好きな言葉はたくさんありますが、単純にいうならば、自分の思ったような人生を自分は歩むことができるのです。

「思考は現実化する」といいますが、自分の思ったように生きられるというのは、おもしろいです。

□武沢
過激なんですが、吉田松陰の

「思想を維持する精神は狂気でなければならない」

バルザックがいった
「熱狂できないというのは凡庸の印だ」

ピカソの
「大切なのは熱狂的状況を作ることである」

これらに共通している、熱とか狂とかが大好きで、没頭、夢中になれるキャラクターの人が、今は少なくなっていると思います。

たぶん私も本来そういうキャラクターではないので、成功するタイプではないと40歳過ぎるまで思っていました。

ですが、話し方講座に行った時、「2分間スピーチを家で30回やってきなさい」という強制命令があり、息子相手に何度も語っていました。そうするうちに、30回を超えた頃だったでしょうか、息子に語るメッセージが、いつもの自分とはまるで違うくらい、情熱的でかつ自然に語っていたのです。情熱的に語ろうなどとは、自分では思ってもいないのですが、反復したので、自分が語っているメッセージがエネルギーを帯びていたのです。

これと同じように、熱量がマックスになるくらいの事業計画を持てば、うまくいくと思うし、目標をクールな冷めた状況で語っているうちは、とうてい達成できないと思います。

□白川

我々3人とも、セミナーをよくしますが、最後の5分だけが自分で酔うくらい情熱的になることがあり、その時こそ感動を呼びます。あまりクールになっちゃだめですよね。

□筒井

人前で話すのは好きではないのですが、10人、20人の時間を拘束するわけですから、絶対におもしろい話をしてあげなければいけないと思うこと。それが責任感です。

□白川

3人の共通点は、申し訳ないけれど、人前で話すのがあまり得意ではないですね。私も50歳まで講演などやったことなかったですから。無理もないと。

□筒井

プロでもないし、それで飯を食っているわけではないので、へたで当たり前だと思います。へたでもいいけれど、だらだらとつまらない話になると、向上していきません。僕は今75歳ですが、80歳になった時に、どういう話をするんだろう？　と想像したら、やはり今よりはるかにおもしろく聞いていただけるのではないかなあと思っています。話がだんだん向上していくのではないか？　と。

□武沢

できれば、天風流でお願いしたいです。へそから声を出してますね。首より上から声は出ていません。

□筒井
内容よりも、話し方次第で、80パーセント以上相手に伝わるといいますね。

たとえ内容は少しでも、迫力があれば、わずかな内容が強烈に相手に伝わります。それが結局大切だと思うんですよ。どれだけ多くのことを語っても、伝わらなければ意味がないですから。

□白川
私の好きな言葉は、ふたつあります。

ひとつは、「我　事において後悔せず」という宮本武蔵の言葉です。

そしてもうひとつは、開高健の「悠々として急げ」です。

引き算の世界に入ってくる50歳からの起業は、急ぐんだけど、余裕というか、悠々として、知性に富んでいるという生き方をしたいと。

このふたつの言葉が好きですね。

第二章　起業体験談

この3人が起業してから、あるいは起業に至るまでの苦悩や苦労話、体験談は、きっとみなさまのお役に立てることと思います。

筒井修の場合

◆40歳で海外へ！

私は、学生時代、もう随分前のことになるのですが、50年位前に海外に興味を持ちました。海外といっても、日本人が海外に出てもいいよという初年度、昭和40年くらいのことでしたから、外貨が少なくて海外に出るなんて贅沢なことはできないという時代でした。

最初に、台湾に学生の友人がいたので、行きました。

台北《たいぺい》から、高尾、台東《たいとう》、花蓮《かれん》をまわる一ヶ月は刺激的でした。


大学を卒業して就職をしました。

名古屋の名鉄百貨店に入り、アパレルのバイヤーをやっていましたが、実績をなかなか認められないことを不満に思い、40歳までには海外に出たいと思っていました。

とはいっても、子供と女房がいたので、裸一貫で飛び出すわけにはいかなかったのです。

そこで、名鉄の中で海外に出ているところはないかと調べたら、香港にひとつ席があいていたのです。

そこに行きたいと社長、会長にお願いして、行くことができました。

私が40歳の時です。

会社の派遣で行ったわけではなく、自分が行きたくて仕方がなくて行ったわけですから、骨を埋めるまで香港を拠点にがんばろう、やるんだと決めていました。

貯金を全部おろして、香港に持ってきました。それを頭金にして香港の不動産を買いました。

株価、不動産の暴落の時代にです。

安心して住める自分の家が欲しいということで、会社をやめて最終的には、そこに住み着くつもりでした。

サラリーマンの駐在で行ったのとはまったくわけが違います。3年、4年の間は駐在で会社が家賃も負担してくれていますが、不動産を買って他の人に貸したりして、それから35年近くになりますが、以来ずっと香港に住んでいます。

バブルがはじけて、名鉄が海外事業から撤退するという話がありました。最初は2、3年の契約でしたのが10年以上住んでいましたし、この地で起業すると決めていたので名鉄から現地法人を買いとり、貿易業の会社を設立いたしました。

◆パートナー選びがカギ

私が赴任して以後、35年位前から見ていますと、アジア各国の発展のスピードが非常に早いのです。

日本は１９９０年代から現在まで25年間ほぼゼロ成長ですが、アジアの国のスピードは７パーセントから10パーセント成長で着実に追いつかれ、シンガポールには追い越されました。

日本は安丹としているが、昔イギリスがいわれていたように、老体国に陥っているのではないでしょうか？　日本はそういうことを真剣に考えていないのではないか？　と。

国についてはそういうことなのですが、人に関していえば、アジアの人は学ぶ意識がとても強いのです。先に進んでいる日本人は彼らから学ばれる存在になっています。

シンガポール、香港の人でも、先に行った人から学ぼうという姿勢があるのです。

ビジネスで最も大切なことは人です。

日本でもそうですが、特に海外へ出て事業をする場合、日本人がひとりやふたりでは絶対にできません。その国でのパートナーを見つけることが大切です。しかし、失敗することが多いのは、なぜでしょうか。

それは、パートナーの背景をしっかり調べて、まちがいのないような人と取り組むのが、海外ビジネスでは一番大切なことだからです。

まちがいのないパートナー選びのコツはないけれども、パートナーの背景を調べないで安易に取り組んではいけないのです。

欲望が先走ると失敗します。

本当に信用できる人か、過去にどういうことをやってきた人か、過去にどういうパートナーと組んでいるのか？　背景を調べるということは、そういうことです。

言葉が通じる日本人どうしでも失敗するのに、生活してきた背景が全然違うのだから、なにも考えず中国人、ベトナム人とやって失敗するのは当たり前です。

◆海外では契約書なんて関係ない？

私が経験した中でいうと、儲かったら自分たちのものにする、損したらあなたのせいだというなんてことは、外国人によくある話です。

中国人と共同経営する日本の中小企業は、まず失敗します。大企業の場合は背景を調べるということもありますが、中小企業の場合、相手はまず日本人から利益を取ろうと最初から思っていますので、そういう人と組むと絶対にうまくいくわけがないのです。

中国人と日本人とが組んだ例で、成功者をあまり聞いたことがないのはこの理由です。

生活してきた背景が、ものすごく貧しい生活の中で、ひとつ間違えるとお国が搾取する、そういうことの繰り返しで生活してきた人たちが、日本人に余分にあげようなんて考えるわけがないのです。

どうすれば、余分に取ることができるのかしか考えていないのですから。

はっきりいって、中国では契約書なんてどうでもいいのです。

中国で契約書をかわしても、たとえ裁判で負けても返済はしません。

契約書は50、50（フィフティー、フィフティー）じゃないですか、と工場に乗り込んでも、工場の入り口で帰されるだけです。

香港の弁護士にいって、少しでも返してもらうようにしたとしても、日本人がお金をとりに行けないからといって、誰が助けてくれますか。公安は動かないでしょう。自衛隊でも連れてこいということでしょうが、そんなことはありえないですから中国で裁判をしても、100パーセント負けるのです。

契約書なんて関係ない、国の背景を知るべきだと痛いほど経験しました。トラブルを起こした場合、中国人は絶対に返済なんてしないのです。

白川博司の場合

◆ゼロからのスタート

私は今73歳です。海外に出たり、起業したいなんてことをほとんど考えずに生きてきて、50歳から起業しました。今までやってきたことは、異業種からの通信販売の導入コンサルタントです。23年間やっています。

年齢を区切って考えるたちなので、ちょうど50歳の頃に、まったくゼロからこの仕事に入りました。

60歳からコンサルをしながら、本や月刊誌（月刊通販実戦レポート）などの書き物を始めようと執筆をスタートしました。

その頃から全体として国内市場が疲弊してきました。

顧問先企業が多様な商品を製造してきましたが、販路を国内だけでやっていたら行き詰まるのではないかと気づきました。

メーカーが多いので、物を作って一般流通に流して、問屋さんを経由して小売するという流れをショートカットして通販で直販をしようという考え方ですから、同じようにできるだけ直接、海外に商社を通すことなく売る仕組みがなにかあるのではないか、と考えました。

私自身は、貿易業務の経験もなかった人間ですが、筒井師匠、武沢先生との出会いがきっかけでした。

まず中国に行って、人脈をいろいろご紹介いただきましたから、中国で売れる流れができればいいかなと思いました。

私はそこでビジネスをするわけではなく、実際にお金を動かすわけでもない、ビジネスステージ（新規販路開拓）を作るのです。

55歳から始めた通販実戦会の会員の方のためのお見合いの場といいますか、商談会の場を作るまでが私の仕事です。それからは直接それぞれの企業さんとのビジネスになります。

私は、取引の中に入ったりはしないので、筒井会長のようなナマナマしいビジネスの現場はありません。

ただし、全体のステージを作った責任は当然私にあるので、プラットフォーム自体はそういう形を厳守するという方向性なのです。

◆プラスワン発想

その流れの中で中国に60歳の時に、いろいろな方々のつてをたどって出かけ、実際のビジネスをしている顧問先企業の中国への導入が成功している地域は、大連、香港、深圳、上海という四箇所です。私は国というよりも都市を追いかけています。

ひとつのステージを作り一箇所にずっといるのには限度があるので、常にプラスワンという発想で、ジャパンプラスワンが中国であって、今のような環境下でビジネスを進めていきます。

大体3年単位で次のプラスワンを考えることにしています。（16ページを参照）

2年間は基礎固め（人脈作り）をしてビジネスを進め、3年目にはそれをやりながらプラスワンの都市を探し、チャイナプラスワンが、タイのバンコクになったということです。

1つの具体的なビジネスとしては直接コンシューマに売る通販は、一部中国ではやっていますが、地元の業者におろす業務、問屋さん相手の BtoB ビジネスが基本になっています。ということで次の3年間のステップの基地をバンコクにおいて、様々な人脈の中で成功しているルートを今やっています。

まず日本で通販を立ちあげて、3年経過してプラスワンで中国、3年経過してプラスワンでバンコクに行って、2年くらい前からバンコクプラスワンとしてベトナムに行っています。

当然、北ベトナムと南ベトナム、ハノイとホーチミンとは違っていますので、今の方向性としては、比重をハノイ中心においている。それはなぜかというとホーチミンはかなり大きな市場としてあるのですが、ベトナムは社会主義国ですので国の流れというのがあり国への許認可などは同地にあり、ハノイ人脈を中心に動いています。

昨年は、ベトナムイコールハノイ、プラスワンがどこかを探し、今まで行ったことのないドバイ、クアラルンプールでのテストマーケティングを実施しました。

市場を見て、顧問先企業や通販実戦会会員と同行しながら商談会を進めるのが私の手法です。

◆なにを売るかではなく誰と出会うか

私自身がナマナマしいビジネスの現場にいないのですが、責任は私にあるので、基本的に大切にしていることは、「なにを売るのかではなく、誰と出会うのか」です。

ではその基準はなににしているのか？　現地で成功している日本人のビジネスマンで、10年以上非常にコツコツとやっている人です。企業の規模感ではなく、地元の方に信頼されている日本人の会社経営者で、10年間をひとつの基準値にしています。

まちがいのないビジネスパートナーを探すとなると、今の言葉に尽きるのですが、まず自分自身が出かけていって現地の空気を吸ってみて、その上で信頼できる人との出会いがなければ、その土地には行きません。私自身の目を信頼して、皆さんがついてきてくださっているのです。ブレがあると不信感をうみますので、ここを重要なポイントにしています。

無理して探したりはしません。

年齢的にも体力の限界があるので、無茶なことはしないです。どちらかというと50歳から起業した私の感性、フィーリングにあった土地や人がいらっしゃれば、私のバックにある企業さんの商品を持ち込むということになります。

それとドバイに今年行って思ったのですが、日本にいて考えるのは無理ですね。現地の方にいろいろなことを教えてもらいながらでなければ、人に自信をもって伝えることができないです。

3年計画の1年目には行ってみて基礎をかため、2年目は売りあげをとるかたちのスキーム作りをして、3年目はそれをやりながら次の国を探すというリズム、流れでやっています。50歳から10年目、あと15年を3分割（3年単位）してというようなリズムでやっています。

あまり細かいことは気にせず、「楽天的」に、明日は明日の風が吹くという感じで現場主義に徹してやっています。

武沢信行の場合

◆社長が反面教師

高校で落ちこぼれ、鉄板に穴をあける職人の工場に最初に入って、この時に経営に興味をもったのです。

まさか40年たって、経営コンサルタントをやるとは20歳の時は思いもしなかったですが。

鉄板に穴をあける会社の社長が、私の反面教師だったのです。

その社長は、毎年お正月明けに、食堂に社員85名を集めて、年頭所感を書いたものを発表するのです。

ついさっき5分前に社長室で書いたようなピカピカ光ったものを見せるのですが、4年連続同じ内容でした。「現状維持」と毎年書いてあるのです。

毎年同じ「現状維持」という言葉。確かに、オイルショックがあった時代でしたので、現状維持はいかに大変なのかと。

1、2年目はそうかなと思ったのですが、3年目に違うんじゃないかと思い始め、4年目にはっきり、違うと思ったのです。

社長の話の最中に私は手をあげました。

なにをいおうとして手をあげたのかわからないのですが、あてられてしまったのです。さて、どうしよう、先輩が武沢はなにをいい出すんだというような目で見ているのです。

経営とかまったくわからない、当時の私でしたから、「入社してから4年間、私はラジアルボール盤をずっといじっています。プラノミラーもいじってみたいし、他のこともしたいのですが、現状維持ってことになると、今年も私はラジアルボール盤をいじることになるんでしょうか？」と聞いたのです。

本当はそういうことを聞きたかったわけじゃないのです。会社の今後の方針についていいたかったのですが、聞き方がわからないのでそういう質問になってしまったわけです。

そうすると社長は、こんな風にいわれたのです。

「ここはきみの個人の人事を話し合う場じゃない、ここは会社の方針を語る場だから、もっと他の仕事がしたいということなら、人事に行きなさい」

確かにそうだろうなと思ったのですが、この社長について行っては、自分の人生は暗い、自分の未来は見えないと思い、この時、やめる決心をしたのです。

高速でドリルを回転させながら、穴をあけていくという、職人としてのアーティスティックな喜びは毎日あったのですが、40歳、50歳になっても、定年まで自分は穴をあけているのかな、自分は穴をあけるためにうまれてきたのかなと思ったら、夢を語ってくれない会社にいてはいけないいんじゃないかと思いました。

当時、司馬遼太郎の小説を読んでいたので、坂本龍馬のようにスケール感のある生き方をしたいと思っていたのです。龍馬にはなれないとしても、せめて東奔西走する仕事がしたいと思ったので辞表を書きました。

しかし、次に行くところが決まっていなくて、半年くらいそのままその会社にいたのです。

◆会社の成長も社員の人生も経営者次第

半年後、「スポーツ用品の○○」というキャッチフレーズの会社の求人広告と出会います。

「我が社は急成長を目指し、スポーツのある、潤いのある豊かな社会を目指します。会社は急成長をしますので、あなたにも急成長していただきます。そのためには、社員教育にひとりあたり10万円以上かけて……」

などと書いてあるのを見て、これだ！　と、思ったのです。

次の日曜日に求人説明会に行ったら、目の前にまさしくそういう社長が現れました。

当時38歳の社長で、自分は24歳でした。

社長のいう通り、その会社は急成長していって、9億円から12年後に300億円にまでなりました。

株式上場企業になって、社員にも億万長者がゴロゴロ現れる会社になりました。私はその直前に会社をやめたのです。

会社は経営者によって変わる、社員の人生も変わるという両極を私は見たのでした。

その後、経営者をサポートする仕事をやろうと思い、40歳から今の仕事をやり始めました。

◆ホームページとメルマガで追い風

この仕事を始めてから5年目に、インターネット時代、パソコンの時代、が到来し、デスクトップにパソコンがバンバンおかれる時代になりました。

2000年頃です。

私も「武沢信行オンライン」というホームページを立ちあげてはみましたが、さっぱり誰も見に来ないわけです。

どうすればいいか勉強しているうちに、楽天の三木谷社長が名古屋のホテルでセミナーをされました。

中小企業の経営者の前で、三木谷さんがこうおっしゃったんですね。

「これからネットに追い風が吹きます。これはごく普通の会社、すべての会社に追い風が吹くので、かっちり帆をあげて風にのることができるようにするにはどうすればいいかを申しあげましょう。それは、1点だけです。社長がホームページを作る技術をマスターすることです。それができたら、社員に適切に指示ができるし、外部企業にも適切に発注できますが、それをスルーして安易に外注に任せる会社はだめです」と。

三木谷さんが楽天を立ちあげた時には、学生バイトをやとって、ホームページを作る個人指導をうけたそうです。それを聞いて早速私も、ホームページビルダーを買ってきて自分のホームページを作って、それを見てもらう手段としてメルマガを作ったのです。それが「がんばれ社長！」メルマガです。

◆中国講演で感動

何年かして中国は青島の社長から「まぐまぐを経由したらあなたのメルマガが見つかったんです。ついては、交通費とお礼10万円しか払えないけれども、こちらで講演してくれないか」といわれました。当時の私は、中国をなめていたのですが、いざ講演をしたら、中国人の経営者から質問ぜめにあいました。しかもその質問のレベルが非常に高いのです。

「いい経営理念を作るにはどうすればいいのか？」

「社員と運命共同体の会社が日本には多いけれど、中国にはない。どうすれば社員と運命共同体になれるのか？」

なんていうような、日本で受ける質問とほとんど同レベルの質問がバンバン出るのです。彼らの目がギラギラしていて、メモをする手がとまらないし、私はとても驚いて感動してしまったのです。

日本の若い世代とこんなにもハングリーさが違うことに驚き、彼ら中国の経営者の勢いを見て、日本人はやられると思いました。

その後、筒井会長にお会いして、「中国に目をむけない日本経営者は、井の中の蛙になるのであなたもメルマガを毎日書いているんだったら、そういうことをたまに書いてくれ」と依頼されました。そのためには自分が現地に行かないとだめなので、中国に何度も行きました。上海を紹介されて、まったく中国では仕事がなかったんですが、家賃契約をして毎月10万円くらいを支払いました。払う以上はなにかしなければと思いますよね。用もないのに上海に定期的に行っているうちに、和僑会ができたりしたのです。

第三章　世界起業のススメ

筒井修氏、武沢信行氏、白川博司氏の3人の名前をいえば、和僑会を思い浮かべる人が多いのではないでしょうか。今は全国的組織に姿を変え、その名前もＷＡＯＪＥになっていますが、和僑会が発足した頃の強烈な印象が忘れられない人は多いと思います。

今は世界にステージを広げている和僑会ですが、どんなスタートだったのでしょう？　日本ではなく、世界に視野を広げて起業する意味とは、どういうことなのでしょうか？

◆和僑会の始まり

□白川

香港で筒井会長が地元の若い起業家たちのために、3人から5人くらいの勉強会を開催していらっしゃいました。

その3回目か4回目にゲスト講師として招かれたのが、武沢先生でした。

現地に森さんという女性がいて、がんばって集客をしてくれて30人、40人の聴講生が来てくれたわけです。


2005年、ラグビーW杯イン香港、決勝戦の日でした。

この勉強会はいいと筒井会長は思って、ご自身の手弁当で毎月香港で、日本人の勉強会を開催しました。

日本人の勉強会は日本商工会議所や、ジェトロ（日本貿易振興機構）などもあったし、それなりの規模もあったのですが、それとはまったく関係なく、主催者は現役の経営者、集まるメンバーも現役の経営者です。そこでお話しするのは、経営や経済の話ではなく、生きざまの話が中心でした。

人の話を聞く時に頬杖をつくなとか、室内では帽子をぬげとか。1分でも遅刻されたら会場に入れないのです。遅刻をする人に経営なんてやれるわけがない、というわけです。

当時の香港では、そういったことは誰もやっていないので、人が集まりました。ある時は星野仙一さん（当時監督）が来られて、なんとノーギャラで30分くらい講演をされたこともありました。

友達なので、30分適当にしゃべってくれればいいから、と頼めば来てくれたのです。集まっているメンバーは誰が来るかは知らされていないので、星野仙一さんのそっくりさんだと最初は思っているのですが、話を聞けば聞くほど本物だと気づいて、ザワザワし始めるわけです。

そんなことをやっているうちに、だんだん、勉強会が人気になってきて、「香港だけでなく、深圳でもやらせてください、広州でもやっていいですか?」と飛び火していって、これが和僑会のきっかけになったのです。

□筒井

私は40歳で香港に行きまして、40代から50代の20年間、貿易の仕事だとか、不動産の仕事を一生懸命香港でやってきて、ある程度そこそこは成功したのですが、人生というのは、お金持ちになるだけでなにか意味はあるのか、と思いました。家族は3人しかいないし、子供は男の子だから自分でやっていくだろうし、となると夫婦ふたりでなんとかやっていけます。そう思ったら、あんまり金に執着がなくなり、それよりも若い起業家が悩んでいるなら相談を受けてあげよう。という気持ちになったのです。

別にあまり難しい理念があるということではなく、「和をもって貴しと為す」というか、みんな仲良くやっていこう、みんな海外に出てきたのだから、共存共栄、相互扶助、お互いに助けあってやっていきましょう。という大きくはふたつです。

そして、利益が出てきてゆとりがあれば、その国の土地を借りて事業をやっているんだから、その国にお返しができたらいいよな、（地域社会への貢献）という3つくらいのことを理念というほどでもないかもしれませんが、それらを理想に掲げてやってきました。

和僑会は2004年に発足しました。

14年たちました今、北海道から沖縄まで国内に9箇所でき、中国、アセアン合わせて海外には17箇所、合計26箇所できまして、1500人くらいの中小企業の経営者や会員がいます。

国内の経営者のためにやったわけではなく、あくまで海外の起業家が仲良く助け合って、というのが基本だったのです。が、国内でも和僑会に入りたい人が増え、それなら海外に出て学ぶ起業家を作るために国内（東京、名古屋、大阪、北海道等）に出てきてもいいんじゃないかと、始めました。

日本の経営者も国内で小さくなっているのではなくて、これから海外に出て学びましょう！ ということで、海外の和僑会の人たちがいろいろな実態を教えてあげることも大変いいことではないかなと思います。

相互扶助が一番の基本なのですが、それ以外にも、日本の方が海外を学びたいならば、いろいろ教えてあげるのもいいかと。

◆NHKで紹介される

名もない若者が最初は多かったのですが、最近はそのエリアの日本人を代表するような方がその国のトップになってくれるケースが増えてきているのです。
「アエラ」が選んだ中国人に負けなかった日本人ベストテンに入っている迫慶一郎《さこけいいちろう》さんが、北京のトップで和僑全体の会長をやってくれました。（現ＷＡＯＪＥ会長はプノンペンの猪塚武《いづかたけし》氏）

北京で一番流行っている美容室のオーナーが和僑会に入っていますし、そうそうたるメンバーです。

香港では一番有名なシティスーパーというスーパーマーケットがあります。10店舗くらいあちこち開いているそのオーナーも和僑会に入っていますし、彼らが動いてくれるので和僑会が有名になっています。

ＮＨＫ総合テレビの「クローズアップ現代」という番組で、２０１１年1月17日（月）放送の『〝チャイナドリーム〟を追いかけて』では、和僑会のことが紹介されました。

『ここがへんだよ日本の会社』や『ここがへんだよ日本の管理職』という本を出している経

営コンサルタントの宋文洲《そうぶんしゅう》さんがＮＨＫに売り込んだのだと思いますが、和僑会はすごい会だと映像つきで紹介してくれたのです。

朝日新聞が取材にきて、日曜版の一面トップに会長（私）が出たこともありました。

また、『和僑15人の成功者が語る実践アジア起業術』という本が２００７年にアスペクト出版から出ました。

和僑会は、だんだんと注目を浴び、目立つ存在になってきました。

大きくなればなるほど、いろいろな厳しい風が当たってきます。それでもへこたれず邁進してきた和僑会の中で今会長となられています筒井会長は、創始者としての人望がおありになったのだと思います。

利益などを追求していたら、とっくに潰されていたでしょう。だんだんとステージが上がり、新しくできるスピードがあがってきています。

◆アフリカのライオンと動物園のライオン

□筒井
サラリーマンは人並みに仕事をこなして、上司や世間に意欲を見せて、時がきたら、給料がもらえます。

動物園のライオンが、自分の姿を観客に見せていれば餌をもらえるのに近いと思うのです。

一方、起業家となると、餌は自分で見つけてこなければいけません。

起業家は、アフリカのライオンと同じなんですよ。おもしろい獲物を自分で見つけるチャンスはあるけれど、誰も餌は持ってきてくれません。

うろうろしているだけでは死んでしまいます。つまり、真剣度が違うのです。

サラリーマンは、時間とお金が不自由です。

仕事は決められた時間やらなければいけない、忙しい時に休みたいと思っても、なかなかそうはいかないでしょう。給料も決められていて、これだけ儲けたからこれだけほしいといっても、無理なわけです。時間もお金も非常に不自由な生活をサラリーマンはしていくのです。

私はサラリーマンも経験してきて、55歳から事業は自分でやっています。起業すれば、最初は大変かもしれないけれど、その大変さをクリアすれば、時間も自由だし、お金もたくさん手に入ります。私も場合によっては1～2週間休んでいる時もあり、温泉につかってボンヤリしていることもあります。

サラリーマンと起業家では、自由度が全然違います。起業家は、アフリカのライオン同様、自分が動かなければ誰も餌をくれないわけですから、そのリスクをクリアする必要があります。

サラリーマンは、動物園のライオン同様に定期的に餌を供給してもらえますが、量は決まっていますし、拘束時間も固定なのです。どちらを選ぶかは、自分たちの意思で決めればいいわけです。人並みでいいという人、定年まで給料をもらって生きていきたい人は、サラリーマンのままでもいいでしょう。

自分の夢があってそれに向かって生きていきたいという人は、国内でも事業をやるべきだと思います。

自分がなにをやりたいかは、なかなかわからないのが人間です。

普通は、大学卒業時にすぐになにをやりたいかなんて、自分ではわからないと思います。

自分は自動車産業に行きたいといっても、自動車産業はどういうところかもわからない。銀行へ行きたいといっても、自分の思ったような仕事ができるかもわからないわけです。最初のうちは札束を数えるだけで終わってしまうかもしれないじゃないですか。

本当にやりたいことを見つけるためには、より多くの経験が大事です。ひとつやふたつの経験からひとつを選ぶのではなく、よりたくさんの経験の中から選ぶほうがいいのではないですか？

若いうちに１００の経験をしていたら、その中からひとつを選ぶことができます。

日本の中だけでの経験では狭い世界なので、一度外の世界に出てみたら、目が覚めるくらい多くの経験をいやが上でもしなくてはならなくなります。

日本と違って、夜に歩いていたら、囲まれてお金をとられたり、いきなり殴られたりすることもあるかもしれないです。

そういうことも含めて、すべてが経験なのです。

多くのことを世界から見て、経験してみるのがいいことかなあと私は思います。

◆成功のカギは現地化とスピード

□白川
私は50歳までは平凡な生活をしていましたので、50歳からの起業がずっとテーマになっています。

私自身、国内市場での通信販売コンサルタント、専門家なので、日本で売れているものを海外に持っていくということが、大きなテーマでした。

現在は、日本で売れてないものを海外に持っていっても売れないので、基本的には、日本の成功事例を商品やサービスも含めて、持っていくのです。けれども、日本で売れているからといって、そのまま海外に持っていっても売れません。


よくいわれている言葉に「現地化」というものがあります。これは、現地なりの色付けをするという意味なのですが、商品であろうが、サービスであろうが、商品は現地化をしないと、そのまま日本から海外へ持っていっても売れないのです。

中小企業のオーナー社長が自分の目で確かめて、日本で成功したものを中国やアセアンに持って行く時に、ベトナムはベトナム、中国は中国と、その土地に合った現地化というワンステップの作業をしなければ、なかなか物も売れません。現地化ができなければ、海外で起業することそのものが、あまり成功の方法論ではないのです。

日本での成功事例のビジネスモデルはたくさんあります。が、現地化するためには、まずは経営者が行って、ただ視察するんだという軽いイメージではなく、確実に起業するという意思のもとで、そこへ行って確かめてみることが大事です。嫌だとか面倒だとか、成功する確率が少ないとか、ネガティブなことばかり考えていては、次のステップにはなかなか進めません。

10数年前から国内での海外に進出したい方（通販実戦会員）を実際に売り込むという作業を、日々今でもやっています。ビジネスマッチングや商談、日本にいる時からかなり深い準備をしています。今は、スカイプやTV会議、メールなどの通信手段もありますので、日本にいても準備ができます。

成功事例の共通点としていえることは、スピードの早さが重要になってきます。ハノイに初めて行って、この商品がハノイで売れるかどうか、テストマーケティングをしたいという場合を例にあげてみます。

最初のミーティングでの具体的な案件のヒアリングをして、たとえば味を少しこうしてほしいなど最低3つの条件、つまり宿題、要望を相手の企業さんからもらったとしましょう。それから2カ月以内に、その商品を改良して再度訪問する会社や社長は、成功率が高いです。

日本では中小企業の販路拡大は厳しいので、1億強の日本という市場から、中国やアセアンの20億の市場に持っていきます。ステージを変えるだけなのですが、中国やアセアンの方々のスピードは日本で考えている以上に早いので、現地化する場合もスピードが重要なのです。

もうひとつ、成功するための条件があります。日本の中小企業の生き残り策として、事業継承という大きなテーマがありますが、誰かが海外に出たら、あとはどうするか？　という問題があるのです。誰が引き継ぐのかという話になってくるわけです。そうなると、社長の次の息子さんの時代になります。継承がうまくできれば、成功へのスピードが早まります。

◆世界で起業するチャンス

□武沢

私は、和僑会ができた2004年から結構深く入っております。いろいろな方々がいろいろな動機で、海外で起業活動をしている様子をつぶさに知っております。

日本でうまくいったものを海外に持っていく発想は以前からあったのですが、この本のタイトルである「世界起業」というのは、最初から世界を舞台に起業するということです。考えてみたら、実は、和僑会のメンバーの多くは世界起業の人が多いのです。

中には、日本のものをそのままアジアに持っていく人もいるけれども、若い人の多くは、それよりもチャンスを求めて、海外に行った人が多いわけですよ。

大企業が海外進出する時は日本のノウハウをひっさげて行くのですが、起業家の場合は、チャンスを求めて海外に行く人が多いのです。

むしろ海外だからチャンスがあるといいますか、日本にはこのノウハウでビジネスをするチャンスがもう残っていないけれども、海外に出たらチャンスがあるというか、海外にしかチャンスがないというようなケースがけっこうあります。

どういうことかと申しますと、外国の人に教えられる、外国で気づかされるチャンスがあるのです。

フィリピンでマニラ和僑会を立ちあげた鈴木廣政《すずきひろまさ》さんは、日本のアパレルビジネスで失敗して、大きな借金を背負っていたわけです。アルバイトでなんとか返し終わって、残ったなけなしのお金、200万円という彼にとっては大金を持って、2005年にフィリピンに行ったのです。

日本で失敗したダメな社長だと思われるかもしれないという気持ちもあったかもしれない

のですが、フィリピンの人たちの陽気さや明るさ、ホスピタリティに感動して、できれば残りの人生をフィリピンで過ごしたい、ここで仕事をしたいと思ったそうです。ここが好きだ、ここに恩返しをしたいというように考えると、チャンスがいっぱい見えてきたのです。

鈴木さんは、為替＆アテンドビジネスで２００万円を１年でコツコツ増やし７６００万円にして、今の会社を立ちあげて大成功しているのです。２０１４年より多くのアライアンス事業を立ちあげ、ハロハロアライアンスのディレクターとして活躍しています。いってみれば、彼にとっては、海外にしかチャンスがなかったわけです。

アジアに限らず、海外にはこういった土壌、チャンスがあるので、できれば若いうちに自分を探しながら、チャンスを探すという経験をされたらいいんじゃないか、と私は思っています。

◆人脈の現地化

□白川

事例は私が一番多く持っているのではないかと思います。

中でも株式会社インプレッションの小島雄一社長がベトナムで展開した医療機器販売の例がわかりやすいのではないでしょうか。日本でも認可されているのですが、このビジネスモデルの新鮮味が日本では少し弱くなっているのです。

社長は、ハノイ中心にアセアン中に紹介するセンター（プレゼンのモデルセンター）みたいなものを作って、3店舗出し、今年8店舗、来年20店舗にする予定だそうです。

小島社長は毎月のようにハノイやホーチミンで仕事をしていますが、日本とまったく同じビジネスモデルが現地で成功しているのです。それは、運用している人のキャッチの仕方、いわゆる人脈の現地化、つまりビジネスパートナーの見つけ方ですね。ラッキーな出会いがあることも成功の必須条件です。

特に女性の経営者とパートナー契約が結べれば、かなり成功確率が高いのです。アセアン、中国では、とても女性ががんばってアクティブに働いていますから。

つまり、地元の若手経営者といってもいいかもわかりませんが、特に女性と出会うと、すごいスピードでチェーン化ができたりします。

小売業、物販においても実際そうです。なにかトントン拍子にきっかけができると、1年以内に現地で起業します。当然のことながら現地法人を作ってやっているのですが、日本での起業家の成功よりも数段スピードが早いのです。おそらく3倍速、4倍速だと思います。

ベトナムでは、たとえば日本でのヤクルトレディや、生命保険レディの仕組みが以前から成功しています。

今年3月にラオスのビエンチャンに行きましたが当地で日本のリース会社の仕組みを2年間で完全に黒字化して現地での車のリースのトップランナー、リーダーとなっている企業もあります。

ハノイのこの企業も、コツコツと、アジア中にこのビジネスモデルを広げています。

アセアンは統合されて7億の市場で、ある意味まだ先行者利益が得られる、ブルーオーシャンの世界が残っているのです。中国内陸部にもそういう地域があります。

◆和僑会の今

□筒井

和僑会創設者の筒井です。

和僑会は、現在は、World Association of Overseas Japanese Entrepreneurs（WAOJE）という組織となって活躍しています。

WAOJEのメンバー一人ひとり、規模が小さい、大きいは別として90％以上が起業家です。ベトナム（ホーチミン）で会長をしてくれている徳嶺さんは沖縄出身の方で、ベトナムは政府が強いので、政府系の会社と提携して、水道工事だとかベトナムの家庭の内装などに関わっています。

タイではPERSONNEL CONSULTANT MANPOWER（THAILAND）CO., LTD. の小田原靖《おだわらやすし》さんという方がいます。タイ（バンコク）でおそらく一番の人材紹介の会社になっています。

タイの日本の企業を中心に日本語を教育しながら、人材紹介を日本の会社にしていく評判がいい会社です。

フィリピンのセブ島では、ナンバーワンの英会話学校があります。昨年『40歳を過ぎて英語をはじめるなら、TOEICの勉強は捨てなさい。（ディスカヴァー携書）』という本を出している藤岡頼光《ふじおからいこう》氏が始めた学校です。

日本だけじゃなく、世界中のおそらくセブ島にある日本語学校としては世界一で、日本の政府の方々もよく行かれます。

生徒1000人、先生が1000人、約95％は日本人の生徒なのですが、先生1000人はセブの大学を出た先生。

フィリピンは発音がきれいなアメリカンイングリッシュです。

インドみたいなヨーロピアンイングリッシュではない。その先生が1000人いるので、小さい部屋を教室にして、マンツーマンで授業をしています。

日本で高校くらい出た子は、まじめに一生懸命勉強すれば、3ヶ月でほぼ話すことができるでしょう。半年や1年いればなにかの資格が確実にとれるくらいです。

本年度（2018年）、WAOJEの世界大会は、8月30日から9月1日「グローバルビジネスの祭典」がカンボジア（プノンペン）でありますが、そういうところに顔を出せば、全員が個性的な仕事をしていることがわかります。

日本にいてはとてもおぼつかなかったような人が、海外で大成功しています。日本で失敗した人は、また日本でやろうとしたらまた同じ悩みがあるし、大変かもしれないですが、世界という舞台に出れば、ぐんと大きな可能性が広がるのです。

マニラ、セブ島、バンコクなど、様々なアセアンの場所で、とにかくみんな大成功しています。

1500人くらいのメンバーで、失敗している人の噂は聞いたことがないです。彼らは、これから伸びていくだろうという人ばかりです。

中には、ひっそりと日本に帰ってきている人もいるかもしれないですが、今の日本での成功確率を考えたら、世界に出れば日本の10倍くらいの可能性はあるでしょう。

◆まずは出てみる

□白川
世界で起業した人たちを見ていると、最初からどこでやると決め込んでいなくて、いろいろな場所を回って、20代後半くらいに世界中（特にアジア）を回って、自分に合っているところを探したのだと思います。

空気感が日本よりも、その場所のほうがピッタリあったということだと思います。日本にいる人は日本の空気しか吸っていないので、小さな世界で動かずにいますが、非常にもったいないことですよ。

これから世界で起業する起業家の方に申しあげたいのは、どんどんアセアン、アジア地方に出てみることです。実際に外から日本との比較をしてみないと、わからないと思います。香港に住まわれている筒井さんや日本にいる我々は海外から日本を見るのがクセになっています。だから世界起業家の方の体温や体質が理解できていると思います。

逆に行かない人は対象外。今から日本の中で起業するのは大変ですよ。まずは海外に行ってみる、地元起業家と会ってみるということです。

◆五感を働かせよう

□武沢
私もアジアが好きでよく行くのですが、いわばサバイバルなんです。「生き馬の目を抜く」という言葉がありますが、その言葉どおり、油断していてはなにが起こるかわかりません。

友人がラスベガスで旅行会社をやっています。

彼がアジアで旅行会社を立ちあげたいということで、一緒に私も中国やタイや香港やマカオ、いろいろついて回ったのです。

彼は、寿司屋に行っても、刺身の匂いをかぐのです。生活の智恵なのですね。生ものを食べたらあたる、水を飲んだら腹をこわす……彼はお腹が弱いということもあって、アジアでの外食さえも、一つひとつが生き残って行くためのサバイバルなんです。

彼は、海外でお金を騙しとられたり、詐欺にあったりしてきていますから、全五感が、自分の身を守ることに働いていて、騙されないためのアンテナが敏感なのです。そんな彼は、20億の財を個人でなしています。

ディフェンシブでなくて、オフェンシブにならなければいけないところもあります。日本にいると、そこまで刺身の匂いをかぐ必要もないし、水も思い切って飲めますし。闘争本能か、生存本能が五感を通して求められるのが海外のチャンスなのです。

日本にいると作動しないのが、日本企業でのリスクなのかもしれません。

日本にいると温泉に行っても、38℃から43℃というように快適な温度にしてくれていますが、海外に行くと、１００℃かもしれないし、１０００℃かもしれない、もしかしたらマイナス10℃になっているかもしれないということです。海外に行くと刺激があり、発想も大きくなりますし、自分のことは自分でやらなければならないのです。それがかえって、チャンスになると私は考えます。

◆わずか1・5パーセントの中でまだ戦うのか？

□筒井

自分がなにをしたいかを見極めるために、あるいはどんな可能性があるのかを確認するためにでも、今ならば海外に簡単に行けますよ。

我々のように50年前だったら、台湾へ行くだけで大阪に行ってビザをとるというような面倒な手続きが必要でした。

当時、海外に出るのは夢の世界みたいなイメージもあったでしょう。けれども、今は簡単に出られます。

それに、英語を勉強しようと思えば、すぐに簡単にできますよね。

英会話の学校も山ほどあります。

ちょっと海外に出るという経験ならば、今すぐにでもできるわけなのです。

世界はひとつ。今から20年さき、30年さきを考えたら、世界はひとつですよ。

世界はつながっていますし、日本の人口は世界の1・5パーセントですよ。98・5パーセントは他の国の人たち、民族なのです。

わずか1・5パーセントの中で必死になって競走する、戦うのか、98・5パーセントの中にうって出るのか、その違いだけなんですよ。シンプルな理由です。

小さい島国の中で戦っていても、世界に飛び出さないとなにも見えないし、始まらないのです。

あなたは1・5パーセントの中でこれからもずっと戦うのですか?

時系列に見るとこの10年は、過去の50年にも及ぶ大変化があります。

そのひとつはITの大きな変化なのです。絶対的な事実があります。例えば自動車が無人化していきます。スーパーマーケットも無人化、レジ打ちもしなくてよくなります。

単純労働がどんどんへっていくのです。

事務職員は私からいわせると、半分から3分の1でいいですよ。何のためにパソコンができたんですか？　パソコンがやってくれることがたくさんありますよ。

仕事はどんどん単純化できます。

過重労働なんて、今では考えられません。

以前に比べれば、5分の1の労働力で倍くらいの生産性をあげることができるはずです。

これからまちがいなく人口の減少が起こります。今日本の人口は1億2000万人ですが、2100年には、8000万人くらいになるといわれています。

日本だけしか知りません、日本語しかしゃべれない人を、企業が相手にしますか？　どこの企業もおそらく相手にしないでしょう。

だから、日本だけの小さなマーケットで戦っていてはいけないですよ、そのためには外に出て、どんどん見てくださいよ。IT化も始まりますよ。

親父さんが事業をやっているのですが、最近時代の流れなのか、がんばってもうまくやっていけなくなってきたと。さて、どうしたらいいんだろうかと悩んでいるところもあるでしょう。息子も後を継ぐのをいやがっているという場合も多いかもしれません。

しかし、もしかしたらこの事業は、東南アジアで生きてくるかもしれないじゃないですか。日本の小さな中だけでやっていてはいけない、というのが私の意見です。

これからの人材がなぜ日本だけで生きていかなきゃいけないのか。

これからの20代、30代はすぐに飛び出すべきですよ。

困った時は、ＷＡＯＪＥの人たちに相談にのってもらえばいいのです。みんな、きっと相談にのってくれますよ。

場合によっては、「ウチで２、３年働いてみないか？」と声をかけてもらえるというチャンスがあるかもしれない。

ＷＡＯＪＥの世界大会（ＧＶＦ）に行けば、たくさんの成功している世界起業家に会えます。今年はプノンペンで、８月30日から９月１日にあり、１００名のスピーカーが来ます。

◆「外国」は死語になる

□武沢

少し補足しますと、日本の人口は、２１００年には８０００万人になると説明がありましたが、世界の人口は今78億人です。そして、２１００年には、１２０億人になるといわれています。

このどっちをマーケットにするか？　ということが、日本だけで企業を考えるリスクですよね。単純ですよ。

土日、松葉ガニが食べたくて鳥取に行って、次の日島根に行ったのですが、片道名古屋から4時間半かかるのです。

来月には、山形の鶴岡に行くのですが、6時間かかるんです。

5時間、6時間といえば、タイ、香港など、たいていのアジアの国に行けるのです。

そういう意味では、今後、鳥取に行く感覚で上海に、山形、鶴岡に行く感覚でバンコクに行くということになります。

今後、海外とか、外国が死語になると、私は思います。

ついそこまでという感覚で、フィリピンに行ってきた、と往来が活発になりますから、外国、海外に行くという言葉は死語にしなければいけないと思います。

◆世界はひとつ

□白川

私は、「国内外」という言葉、「海外」という言葉も、なるべく使わないようにしています。ひとつの地球なのですから、内も外もありませんよ。

先日仕事で、東京から八戸に行って、そこから松江に移動するのに7時間半かかったのです。ドバイに飛行機の直行便（時差は別として）で行く片道の時間と同じなのです。我々が、実際こんなふうに感覚として体感しているのですよ。

これからの世界起業家になるつもりならば、世界はひとつという意識になるべきだろうし、距離感や時間の感覚を掴むには、まず日本から出てみなければ、他に手がないのです。

日本には日本人のいろいろな考え方があるかと思いますが、仕事に対する夢が持てないからだと思います。世界で成功した起業家も、最初から夢があって海外に行ったわけじゃないのです。

行ってみたら夢があって、結果的に成功したんです。

そういう夢を見るきっかけ、モチベーションがないから今、日本の企業はこんなに元気がなくなっているのでしょう。

夢をもって海外に出たのではなく、海外に行ってみたら夢がもてたってことのほうが、ひょっとしたら多いかもしれないのです。

◆経験が多いほど夢がうまれる

□筒井
若い人は経験を100個つむべきですよ。

日本では人口が世界のたった1・5パーセントだから、経験だって1・5個しかつめないかもしれないですが、世界一周してくれば、100でも200でも経験をつめるじゃないですか。言葉も通じないでしょうし、カルチャーショックだって数しれないほどあるでしょう。そんな中で、ワクワクしたり、ドキドキしたりして、夢がうまれるんじゃないでしょうか。

自分というものの内側も、外から向き合ってみて初めてわかるし、海外と日本の違いに気づき、次からこうしよう、ああしようということが起こってくるのです。

私は今75歳なのですが、そろそろリタイアしてやめようかと思ったら、いろいろな日本の中小企業の若い人が「応援してください」と声をかけてくれるので、応援するのです。

これからも、とんでもなく日本の企業のためになることをやっていきます。おそらく今年1年のうちに、お店でいうなら100店舗くらい作るとか、そういう勢いでいきます。

海外にちょっと目を向けるとこんなにも違うんだと、私はみなさまに見せたいのですよ。

◆日本にいるリスク

□白川
新しい販路、売り先に苦労しているみなさまは、日本はこれから伸びないとわかってるところになぜいるのでしょうか？

人口減少、経済力もどんどん悪くなるところでは、夢も持てないでしょう。

もちろん、日本のビジネスモデルはものすごく優秀だという認識ももっています。それを現地化されるような発想と行動力で行けば、高度成長期の日本みたいなところがアジアにはたくさんあるので、ニーズが合えばとんでもなく成功する可能性があります。日本みたいな成功事例は、アジアにはまだほとんどないと思います。

□筒井
日本は少子化していくことも確実なのです。しかも老人が増える、高齢化で働く人が減っていく、そんな中で競争している暇があったら、やはり外へ出ていろいろな経験をしてみるということが大事かなと思います。

□白川

ちょうど私も70歳を過ぎて、高齢化の問題に興味をもっていろいろやっているのです。アジアや中国のビジネスモデルって、ベビーから高齢化まで日本の仕組みが全部通用するところなんです。

日本は、超高齢化社会の世界的なモデルになっている国ですから、２０２０年には日本の超高齢化率が17％を越えます。中国、韓国も２０２０年には到達するんです。日本での非常に進んだ、簡単にいえば、シニアビジネスみたいなモデルも、現地の土地に根づいたビジネスモデルとして非常に可能性があるのです。

国内をぐるぐる回るだけでは、中国に近いところにあるという日本の優位性にも気づかないのです。海外に出てみないとわからないのです。

15年くらい前の話ですが、アメリカの方が、一番大きなマーケットの中国に近いという理由で、日本をとてもうらやましがったといいます。

実際に外に出たら、それもピンと実感できると思います。

□武沢

日本の行く末を悲観しているわけではないのです。

基本的には「がんばれ！　日本」なので、日本がよくなってほしいし、日本がよくなることを信じています。これからも、現在も過去も未来も、日本は世界ですぐれたリーダーシップを発揮してほしいと思っています。

日本を見限ってアジアや海外に出ていくのではなく、地政学的にも経験上でもすばらしいポジションにいるものを、もっと武器としても活用しようということです。

つまり、日本を中心にどんどん世界へ発信していく、日本から世界をひっぱっていくというイメージです。

第四章　起業の心得

これから起業されるかたに、起業をするための心得であったり、なにを準備されてきたのか？について教えてください。

◆壮大な人生計画を立てる

□武沢

20代すぐの頃から経営に興味がありました。スポーツ用品会社で働いている時、ドラッカーの『現代の経営』を読めとすすめられました。何のためにすすめられたのかはわからなかったのですが「おもしろいなあ、経営は」と思い始め、コンサルタントになりたいと思うようになり、自己啓発の本をいろいろと読みました。

井上富雄氏の『ライフワークの育て方』を先に読んで、次に『ライフワークの見つけ方』（いずれも主婦と生活社）を読みました。

そこには、帳尻合わせの人生ではなく、壮大なスケール感のある人生計画を作らなきゃいけないのだと書いてあったのです。

当時の私の精一杯の壮大な人生計画が、社長になることでした。25年計画を立てるということだったので当時25歳の私は、50歳になんかならないと思っていましたが、今、それ以上になっています。

まず社長になり、コンサルタントになると決めました。

その前に結婚もしておきたい、仕事に一途になるのもいいけれどまず30歳までに結婚だと、そして50歳までにコンサルタントとして独立すると決めました。

30歳までに結婚するというのは、それありきでした。30歳までの中でベストと思う女性を上から順番にアプローチしていって、何番目かにクロージングできたということです。

実際、結婚式は31歳の時でしたが、達成しました。

50歳でコンサルタントになるのは遅いかもしれないので、前倒しでいこうと考えました。

◆どん底を経験して

3つ目の仕事は、教材の代理店ビジネスを名古屋で始めていました。夢中になっていて絶好調だったのですが、40歳になる頃に、バブルが崩壊し、絶不調となり、倒産、破産です。私もビルふたつの保証人になっていたので、個人保証を背負い込み、売りあげも収入も止まり、社長も副社長の私も一文なし、すべてを失いました。

そして、同じ年に親父が急逝したのです。夕べまで将棋をさしていたのに、次の日は病院の霊安室でした。

一気にどん底になったので、弱気になってしまい、弟とふたりで大八車で野菜仕入れて売るとか、接客販売をやった経験があるので、服か靴の接客販売をやろうかとか考えました。気持ちが小さくなると、なにもできなくなるのです。

そんな時に友達が電話をしてきてくれました。経営計画を作ってほしいというガソリンスタンドがあるんだけど、と。それはおもしろいなと思いました。

ガソリンスタンドには、月5万円の契約で月2回訪問しました。入念なビジネスプランを立てたわけではなく、まるでところてんがするすると出てくるような感じで、友達に後ろを押されるようにしてコンサルタントを始めたわけです。

その友人は、私のすべてを知っていました。まるはだかになったことも、親父を亡くしたことも知っていたのです。

弱気になって相談した私に、「就職するなんてもったいないよ、だめだというわけじゃないが、もっと仕事はあると思うよ」といってくれた彼の存在は私にとって天使のように思えました。

彼に「他にお客さんいない？」と1ヶ月後に電話したら、他に2件さがしてくれました。情けないでしょう？（笑）彼はすばらしい友達ですよ。

さすがに4件目は「他にない？」とはいえなかった。自分で探そうと。

ライオンズマンションから近所の２ＤＫのアパートに引越しました。

それまで外車に乗っていたのがホンダタクトというスクーターになりました。

子どもにはこちらの事情はわからないですから、「前の家のほうがよかった」とか、「寒いから前の窓がついている車のほうがいい」とか、無邪気にいうのです。

「いやこれも悪くないぞ」と私はいうしかなかったです。いえないですよね。仕事で失敗したなんて。

なぜそういうふうになったのか、突然車や住む場所が変わった理由は、当時４歳の子供にはいってないので、今でも知らないと思います。大人になってから気づいているかもしれませんが。

◆チャンスは与えられる

コンサルタントを始めて、数人目の顧問先として出会った会社の社長から、

「これから一生のつき合いになるぞ。俺と一生のつき合いをするのであれば、愛知中小企業家同友会に入るか、ゴルフにつき合うか、どっちか選んでくれ」といわれました。

ゴルフは苦手だったので、「じゃ同友会に入ります」と私はいったのです。入ってすぐに「経営計画を作る講座の先生が引退されたんで、君、講師やれるか」といわれました。

「同友会では経営計画を作るのがひとつの柱なのだが、講師がいなくなったので探している」と。

あわてて勉強会をして半年後に引き受けたのが、なんと15年続きました。それから私は、経営計画の専門家になってしまったのです。今もそれを柱にしているのですが、そういうことがなかったら、経営計画を専門にしようなんて思わなかったかもしれません。人生ってわからないものですね。

目の前にきたことに対して、これがチャンスと思ったかどうかは別にして、逃げなかったということがあります。そうすれば、次々にチャンスが与えられていくのです、目の前にこれだろう、これでどうだと。引き受けていくと、それがそっちのほうにどんどん進んでいくのです。

ベースになる人生25年計画はあったので、イエス、ノーがいえたのだと思うのですが、チャンスみたいなものは今思えば、ずっと与えられてきました。

虎ノ門のクローバー経営研究所というマンダラの先生とも出会いました。空海のマンダラをビジネスの発想法にして、３×３の９マスの中心にテーマを書き、まわりの８マスにそれの要素を書いていくというものです。マンダラは宇宙の縮図（胎蔵界曼荼羅）と心の縮図（金剛界曼荼羅）とふたつありまして、このふたつを両界曼荼羅といいます。これを経営に生かすということをやっているのが、クローバー経営さんという会社です。

Ａ４一枚のマンダラですべてのものが集約できるってことで、私はこの先生のコマーシャルを頼まれたのです。メルマガでＰＲしてほしいと。ところがまったくマンダラというものがわからなかったので、説明を聞くため会いに行ったら、意気投合しまして。マンダラの奥にある仏教や密教に興味を持って、インドまで勉強しに行きました。すると、人生観がかわっていきました。そういう出会いで人生が作られていくということがたくさんありますよ。

◆退路を自ら断つ

□筒井
大学を出てから、大手の名古屋鉄道系の名鉄百貨店で勤め、最初は赤ちゃん用品、婦人服のバイヤーを10年やってきました。

実績をあげたのですが、なかなか個人成績はあがらないという大企業の縮図を見て、このまま60歳までいったらぽいっと捨てられて定年退職か、こんなサラリーマンの生活はつまらないと思い、いずれ独立してやろうと、30代で考え、40歳で飛び出したのが海外です。

海外で事業をやってみようと。金もなにもないもんだから、結婚もしているし、無責任なことはできないし。会社の中の駐在員だったらいいだろう、と探してみたら香港があったのです。これでもう日本には帰らない、と決めました。

持ち金全部で家も買ってしまったし、退路を絶った気持ちでした。妻はえらく反対して1

年間はきてくれなかったですが、1年単身赴任して、2年目からは子供と一緒にきてくれました。

私は、香港名鉄という会社の代表なのですが、実際は2、3人の会社でした。私はまるで自分の会社のようにしていました。貿易をやっていましたが、名鉄から仕事をもらうんじゃなく、自分で探して、いろいろなところでお話をしたりしながら、お客様を見つけて、作ってきたのです。

名鉄は香港でなにかをするわけではなく、社長や会長が海外に出る際、ワンストップして香港で接待する時に使うだけだというのです。それではつまらないから私がやってやろうと、コンビニエンスストアや貿易にも手を出しました。40代は燃えていますので、自分なりになんでもやってやろうと思いました。会社とは別に、不動産が暴落した時に、買っては売り、買っては売りして、資金はそちらのほうがどんどんたまってきました。

ちょうど英国から中国への香港返還（1997年7月1日）の動乱期にあたり、特に日本にいる大部分の有職者が不安視している中、今の香港の繁栄を見通す視点は当然少数派でしたが、それまでの体験から自ずと身についた感覚でした。逆にこのような状況を味方にする術を知っていたということです。

◆自分の人生は自分で決める

2、3年おきに人事異動があります。日本に戻れといわれると困るので、事業計画を本部に提出しました。すると、また香港に2、3年残ることができるのです。うまく空気を読みながら、やってきました。つまり、自分の人生は自分で決めていくということです。

毎日朝早くから出て、夜遅く帰ってきて、その中でなにか矛盾は感じないのかな。会社のためにといっていくらがんばっても、60歳になったらポイッと捨てられるわけでしょ。崖淵が必ず見えるのに、対処しないのはおかしいではないですか？　その前の50代の時から崖が見えているわけだから、なにか考えないと。

そこの会社の社長になるか、といったって、上場企業の社長だってせいぜい2、3年しかいられないわけでしょう？　だったら、自分の人生について、30歳くらいから考えるのがまっとうな生き方だと私は思ったのです。

40歳から13年くらい、私自身は香港にいました。この間、会社は給料をくれるのですよ。一方で、私は不動産で儲けているのです。ダブルインカムです。

バブル崩壊後、香港のほうはやめると会社がいい出したのです。香港の会社を閉じて帰ってきてくれないかといわれましたが、貿易は簡単に途中でやめたりしたら取引先が困る、と説得しました。こんなことをして、いろいろなところで名鉄が訴えられたら、どうするんですかと。

大企業は自分の保身しか考えていないから、「なんとかならんか？　筒井くん」といわれ、「私が会社の事務所も、今住んでいる家も買いましょう」と交渉しました。

「私にはそんなに金もないし、二束三文でないとだめですよ。それでよければ、私が買いましょう」とオファーを出したら、大きな会社ですから、安い金で売ってくれたのです。1000万円もいっていません。

バイヤーの時から、会社では、自分が怠けていても成績を上げるにはどうすればいいか、ということばかりを考えていました。

そんな私でしたが、会社から離れてしまった以上は、もうひとりでがんばるしかありませんから、1年間は一生懸命やっていました。好きな貿易をどんどん拡大してみたり、中国人、香港人とも接触してきましたし、ある程度安定してきたので、そろそろもう大丈夫だということがわかった時に、妻を呼びました。

◆人に頼んで得をする

太陽商事という会社名で、再スタートを切りました。太陽は、みんなにとって不可欠で大切なものです。だから社名には、ぜひ入れたいと思ったのです。

太陽は身近だから、きっと誰もが思いつくだろうし、すでに社名に使われているだろうと想像していたのですが、調べてみると香港には意外にも太陽商事という会社名がなかったので、希望どおり登録することができました。

三国志、水滸伝を読み、中国の歴史に興味があったので、外国旅行が解禁された時、まず友人のいた台湾へ行きました。

名古屋にいた私が、大阪の領事館に書類を出して、学生服で面接に行ったのです。目的を聞いて「よし」とハンを押してもらって、という時代です。

日本が海外渡航を自由化したばかりで、日本円で10万円が限度、それ以上は国外に持ち出せないのです。

ヨーロッパも10万円。台湾も、どこに行くのも持ち出せるのは、たった10万円なのです。当時、「両替してくれたらコミッションをあげる」といわれ、両替してあげたことがありました。外貨がそれくらいなかった時代です。

今は現金１００万円程度ならば届け出なしでも持ち出せる国が多いですね。それ以上でも届け出れば持ち出し可能です。

当時は、台北の友人の家に泊まって一週間くらいいて「台中の友人いない？」と紹介状を書いてもらい、台中では「高尾に友人いない？」というように、転々とただで泊まったものです。台湾中一周してきました。おかげさまで、私は10万円も使わないで済みました。

いまだに中国語は話せませんし、いざとなったら、ビジネスの込み入った話になると、専門家を雇って話をします。

私はだいたいなまけものなのです。コツコツまじめにやっているように見えるかもしれませんが、いかに楽するかを考えているのです。バイヤーをやっている時も、年間売りあげの予想の1・1倍の予算を組んで、各メーカーの担当者にお願いをするわけです。

私みたいな素人の人間が、女性のブラウスではなにが売れているとかなんて、正直申しあげてさっぱりわからないじゃないですか。アンアンとか、ノンノとか、いわゆる若い女性のファッション雑誌を見ても、いったいなにを書いてるの？　という感じなのです。今まで遊んでばかりいた私が、いきなり婦人服のバイヤーをやりなさいといわれても、女性のファッションなんてわからないわけです。

名鉄でも、バイヤー（仕入担当者）がそこのメーカーは3000万円とか5000万円とか、あらかじめ予算を決めて、注文をとるのです。

その頃は電子計算機なんてないですから、そろばんをはじいて、「これは、ちょっと多すぎたなあ」と削るとか、逆に「少なすぎたなあ」とか、もう大変ですよ。

1回自分でやってみたんですが、こんなアホなことは自分がやるべきではないと思いました。伊勢丹に頼むわけにはいかないから、メーカーのY君、S君、I君とか、担当者が一番よく知っているので任せてみたのです。主力商品はこれだとか、これならフォローできるとか、よく知っているのです。担当者にうまいことをいって、全部お願いしたのです。「Yくん、なんとかお願いします」などと、甘い声を出してお願いしたら、すべてやってくれるんですよ。

きちっと5000万円なら5000万円、メーカーに頼んだ通りにリストの書類を作って持ってきてくれます。ありがたかったですよ。

私は、その間、映画館をはしごして歩いたり、ホテルでテレビみたり、寝ていたり、のんびりとブラブラしているばかりでした。

バイヤーは、週に二、三回は大阪や東京に行って、商品の買い付けをおこなっていました。2泊分の出張費用をもらって、行くのです。

私のところへは、夜になるとメーカーの担当者が「これでどうでしょう?」と書類を持って、やってくるのです。

「いいも悪いもあなたが買いつけたのだから、あなたを信用するしかないでしょう」

そんなふうに私はいって、すべてメーカーの担当者に任せていました。

自分のメーカーの自信がある商品だから、よく売れるわけです。婦人服の知識がない私が変なものを買いつけるよりも、ずっといいはずです。

「今は白のブラウスが主力だ」とか、いろいろとメーカーが教えてくれました。私が知識もなにもない状態で黒だとかピンクだとか、わけのわからない色を適当に買いつけても、うまくいかないに決まっていると思いましたからね。しかも色だけじゃない、デザインもサイズもいろいろあるし、私が自分勝手に選んで複雑なことをやるよりも、ずっと成功するのです。知識や実績のあるメーカーの担当者に任せたらいいんですよ。そのほうがよく売れますし、メーカーが主力でやっているのですから、本当に一生懸命がんばってくれるんです。

たまたま黒のブラウスが残ったことがありました。シーズンが終わりかけの頃でした。

「Yくん、悪いなあ。本当に一生懸命やってくれたんだけど、なぜか黒だけが残ったんだよね」と私は、メーカーの担当者に相談しました。

すると「あ、わかりました。じゃあ売れ筋の白に取り替えましょう」とか、「シーズンオフの前だから、半額値引きでいいですか？　全部メーカー負担にしておいてください」などと、いやな顔ひとつせずに、メーカー負担で取り替えてくれたのです。私は仕入れの原価の35パーセントは確実にとっていました。こんなすばらしいバイヤーは、他にいなかったですよ。こちらが値引きする必要はまったくないんですよ。Y君、S君が悪いわけじゃないんだけれど、メーカーの担当者が責任を感じて、値引きをしてくれるのです。

入社して2年目から、私はなんにもやらないで、メーカーに任せて新宿や原宿をぶらぶらしてました。東京にいることになっているのに、なぜか名古屋にいたとか、人に見つかったこともよくあります。

普通のバイヤーは、広いホテルの展示会場にいっぱい商品があるのに、いちいち一つひとつ判断して、買いつけているわけですよ。朝の7時に新幹線にのって、フラフラになってホテルに帰ってくるのが普通のバイヤーなのです。

私はといえば、一日中映画を見たりして、遊んでいました。毎日がそういう生活でした。全部担当者に任せているから、なにもすることがないのです。だけど最高の効率をあげて、35パーセントの荒利はそっくり残して、売りあげは2倍くらいあげて、在庫もまったく抱えません。こんなバイヤーは他にいないですよ。

隣のバイヤーは、企画を自分で出して、メーカーを呼んで議論して、「ビビッドが今最先端の注目カラーだから、今年はビビッドカラーのピンクが主力になるんです」とか、全部自分で勉強して、判断して、買いつけもすべてやっていたのですが、成績は私の半分、しかも在庫を山ほど抱えていたのです。

そのバイヤーは、上司と一緒に居酒屋につき合ったり、ゴルフにつき合ったりしていたから、ボーナスの査定はその人のほうが上だったのですが。私はマイペースで、一切上司にはつき合わないから、実績があっても給料は下だったのです。これが会社、組織ってものの仕組みなのだとわかりました。

◆人生は逆転する

会社とは、そういう組織だということがわかり、ここにいたのではだめだ、40歳になったら独立するぞという意識が、私には早くからあったのです。

それも、国内ではなく海外で、という思いが入社した時からありました。

海外というアンテナは常に持っていました。海外へ行ったら、自分の行きたいところへきて、給料までもらえるのか、家賃ももらえるのか、こんな夢みたいな世界があるのか、ありがたいことだと何年かは思っていました。

当時は日本が世界的に優秀だったので、アジアにのこのこ出かけていく人なんていなかったわけです。日本に残る人が主流ですから、アジアに自分から行きたがるなんて、よほど変な人しかいないわけです。バブルも始まっていませんからね。

中華人民共和国は当時、日本の5分の1のGDP（国内総生産）でした。今はどうなったかといえば、日本は追い抜かれているのです。彼らがそのくらい成長してきて、日本はずっと横ばいになっていて、１９９７年で５００兆円ちょっと前くらいのＧＤＰが、今やっと５００兆こえたとか。なんですか、それは。20年たって何兆あがったとかさがったとか。まさに老体国だと思います。

私が香港に出ていた当時、同期生は、私のことを「筒井くんはもう終わったな」などといっていたようです。「筒井くんは日本に帰ってこないんだから、わざわざ出世コースからはずれてしまったな。役員になることはこれでもう、絶対ないな」などといっていた彼らです。定年後の今、彼らは、なにか仕事がないかと困っているのですよ。

私に相談してくるので、寿司屋に誘っても、私が選ぶ寿司屋の値段が、彼らがふだん行く寿司屋とケタが違うので、１回目はつき合っても、２回目はもう来ないのです。会社で出世したとしても、定年になって放り出されたあとのことは考えていなかった人と、私のように未来を見据えて会社から離れ、自分の道を作った人との違いでしょうか。

そういう意味では、人生は逆転します。これは悲観すべきことではなく、私からいわせれば、大きなチャンスですよ。これからどうなるかなんて、自分次第でしかないんだから。自分の人生は自分でしっかり考えるということです。サラリーマンも、ぶつぶつ文句いいながら歩いていないで、もっと将来のことを考えろっていいたいです。

あなたが会社のために一生懸命やっても、そんなに会社は喜ばないですよ。あなたひとりのために、会社がなにをしてくれるわけでもないのですから。やめたいならやめていいんだよ、というくらいのことですよ。それならば、自分の人生をもう少し考えたほうがいいのではないですか？　自分の人生なのですから。それが基本ですよ。

私は、15歳で日立金属に就職し、フォークリフトの整備工になりました。

高校も行っていないのです。丸坊主頭で、鐵工所で朝から晩まで働いていたのです。

寒いのに、夜も外で働いていました。タンクにあるオイルを入れ替えたり、部品交換したりして、爪の先がまっ黒になって、顔面にオイルがこぼれてくることもしばしばありました。

15歳でそんな過酷な労働をさせられたのです。

これで俺の人生はおわりか、と思ってふと見たら、同級生がお茶を飲みながら書類を書いていて、その部屋にはストーブがたいてあって、ぬくぬくと仕事をしているわけです。なんだ、これは！　と。

給料を同級生に聞いてみたら、なんと彼らのほうが上だったのです。なぜこの差があるんだと、純粋に不思議に思いました。なにが違うのかと調べてみると、学歴が彼らは高卒、自分は中学卒なんです。

これが学歴の差というものかと、15歳の坊やがズキーンと大きなショックを受け、現実を見て、社会を知った瞬間ですよ。私はこれではいけないと思い、夜間高校に通うんです。そうしたら初めて勉強がおもしろいとわかり、高校でも主席、大学でも主席になりました。ひとつ勉強して、英語や数学を覚えたら、そのたびに給料があがっていくと思うと、わくわくして勉強するのです。

私は単純ですね。そういうふうにがんばってきたら、大学でも1番になれますよね。周りは、昼間勉強をしていますが、私は昼間に働きながら、夜の2、3時間のうちに勉強して彼らに勝たなくてはならないのです。

実際に勝ってきた私が、同じ土俵でたたかったら、彼らに負けるわけないじゃないですか。

2年間で単位を全部とって、やることがないから海外へと、台湾などいろいろなところへ行きました。

ですから、私の現在の人生の背景は15歳からあったのです。自分の人生は自分で決めるものです。親も誰も決めてくれません。今でもそういうふうな思いで、ずっと生きています。

私は常に少数派の中にいましたが、ブルーオーシャンを見つける視点を15歳の時からいやおうなしに身につけもっていました。

◆なにもかも自分でやってみる

□白川

私も学校を出てなにをしようかと思った時、マイペースでした。ただのマイペースだと、「あいつは勝手なことをやっているな、わがままな奴だ」で終わってしまうではないですか。

私が世の中に出てなにをやってみたいと思ったかというと、今の通信販売にも通じるのですが、全部自分でやってみたいと思ったのです。

本も書き、ということは著者になり、出版をして、本屋として売ってみたいと考えました。本を書いて問屋（取次）など通さずに売る、というやり方ができないかなと思っていたのです。当時はつてもない、紹介者もない中で、まず、本屋になるための勉強をしなければならないという課題がありました。本屋になるための勉強をするために書店に入ろう、と思いましたが、たとえば、大きな紀伊國屋書店などに入れば一担当者で終わってしまうのではないかと。それでは、本も書いて本も売ってという環境にはないので、店長にすぐなれそうな中堅の本屋くらいがいいのではないかと、私なりに考えました。

店員募集の広告チラシがあって、新宿駅ビルの４階にある書店に入ったのですが、今でも覚えています。が、当時は時間給が30分単位で、５円という単位だったのです。たとえば、２８，００５円（月収）くらいのイメージです。

私のまわりには、出版社に勤めていた仲間が多かったのです。当時の出版社は労働環境がよく、はじめて週休２日を導入した会社もありました。

ところが私は、朝から晩まで働いていて、時間給が5円単位の店員さんをやっているわけですから、一緒にお酒を飲みに行くといっても、お金もないわけです。

ただ、この状況での私のテーマが、30歳になった時に、書店も開けて、著者にもなれるということでした。そのテーマはしっかりと実現させました。もちろんそれは書店の正規ルートでやっていましたから、問屋（取次）を通して本を販売するということが、できたということです。

30歳の時から駒込の30坪くらいの駅前本屋で、書店の経営者を10年くらいやったのです。今から思うと、その頃から10年単位でものを考えるという習慣がありました。

40歳になって、書店を人に譲りました。現在、この場所は駅前開発でなくなっていますが。そのまま書店経営者だったら、私は食えていないと思います。何年も前から書店氷河期時代になっていますから。

皮肉なもので、今の職場（通販コンサルタント）を支えているひとつが「アマゾン」「楽天」というネット通販であり、その煽りを食ったのが書店業界です。

当時は、『華岡青洲の妻』がベストセラーで、日販（取次）から10冊仕入れたら即売れたわけです。

とにかく売れる本を仕入れるために、日販の本社がある御茶ノ水まで通って仕入れするとか、書店時代の上から下まで全体業務がわかったのです。

業務の上から下までやること、つまり直販が好きなのです。

40歳の時に書店を譲って、ではなにをやるかと考えた時に、子供もいたのでサラリーマンの仕事を探さなければと思いました。そして、全国紙の営業、取材の仕事についたのですが、最下流サラリーマンでした。

40歳からのスタートですので、まわりは出世するが、私は役職についたことがないのです。当然のことながら、約10年間の下流サラリーマン時代。

しかし、今日の「通販実戦会」での取材には、この時の体験が生かされています。

自由な職場だったので、直行直帰をよくしていたものです。

その当時はみなさんが9時半くらいの出社だったと思いますが、1時間前までに行って、部署の机を全部拭いて、他の社員が来る頃には「行ってきます」と出て（主に取材に）行っていました。

「あいつは、いったいなにをやっているんだ」ということになりますよね。電話1本で「帰ります」と、出先から直帰していたわけです。

やるべきことはちゃんとやっていましたから、クビにはなりませんでした。

けれども、いつまでもこんなことをやっていたらダメだと思い、50歳を区切りに起業しようと思ったのです。

その当時やっと認知され始めた通信販売に関する本を書いてみようじゃないか、ということがきっかけで2年間、48歳から準備しました。業界は取材者という立場で知っていました。

それが、今は絶版になっていますが『小さな会社の通信販売成功術』という本です。商業ビジネス出版の1冊目となりました。

◆ないものを補うのはマイペースと楽天主義

50歳で起業した時に、ないないづくしが問題でした。

まずお金が全くない、キャリアや経験も全くない、書店経営はしていたが、通信販売をやったことがない、通販コンサルタントというものに対する師匠がひとりもいない、探す気もなかったですが、引き継いでいた仕事もない、お客様がない、50歳ですから一番は、時間がない。これらのないないづくしをどうしようか、と考えた時にマイペースと楽天主義という性格が結果的には幸いしました。

お金がないので日経新聞も買えません。ですから、図書館で読むしかありません。家の近所の図書館で読み、外で食べるお金がないので、お弁当を作ってベンチで食べながら、ということを毎日していたのです。

約1ヶ月後に、書籍を読んだ人が訪ねてこられました。私に、セミナー講師をしてほしい、という依頼がきました。

日本経営合理化協会からの依頼でした。トントン拍子にセミナー講師になって、講師をするなら、経験がないので勉強しなくちゃいけないじゃないですか。取材程度のつき合いしかなかったのですが、通信販売の関連者、システム会社、広告代理店、コールセンター、物流業者など取材先の方々がいましたので、その方々の協力を得て、どうにかこなしたというのが実感でした。この時代から付き合っている業者の方々は、今でも助かっています。

経営やマーケティングの知識がないので、5年目から大学に通い、昼間は仕事をしながら、早稲田、中央大学でのマーケティングの基礎知識研究とか、経営については早稲田大学のオープン講座（週1回、3時間、1年間）を受けて経営の勉強を始めたのです。それが結構よかったのです。今の経営者で大学に通い始めたという人とは、フィーリングがあいます。忙しい経営者が大学に行って学ぶという姿勢に共感しますね。

私はそんなふうに、本を出したのがきっかけでしたね。

時間給で入ったところで短期間で書店経営を学んだし、10年単位で考えるという考え方の中で、今は海外に毎月のように通うような状況になっているってことは、マイペースに徹したことが大きいと思います。厳しく自分のペースを崩さない、ってことですね。

常に学び続けるという気持ち。そして、社員を雇わず、ひとりだったからできたこともあります。人を使っていたら、できにくいこともありますから。

自分のペースを頑固に守っているのですが、どういうわけか、それが世の中に受け入れられてきたわけです。

きっかけは、ないないづくしからのスタートでした。

70歳からの新しい事業領域「シニア起業支援コンサルタント」業のミッションは『「平均寿命」「健康寿命」「職業寿命」「資産寿命」の4寿命をいかにのばすか?』です。

第五章　起業家へのエール

タイミング、チャンスも、お金も必要かもしれませんが、克服したいのは怖さではないでしょうか？　若い人がステージを広げるにあたっても、事業を継承するにしても、まず怖さが先行するから一歩踏み出せなかったりするのです。どう考えれば怖さがなくなるのか、これから起業する人への応援メッセージをお願いします。

◆やりたいことは全部やると決める

□筒井
私自身には、怖さはなかったですね。

とにかくやりたいという思いで、会社から香港に行かせてもらったけれど、そのあとは自分で全部やっていますから、会社がその後どうなるかなどはまったく考えていなかったですし、どうでもよかったのです。

取引先は、自分に共感してくれました。

私自身は、会社が香港から手をひくのならば、自分でお金を出すよという気持ちでした。

怖さというより、40歳から自分でやると決めて10年もテストをやらせてくれたことに感謝しています。

社員もそのまま、誰もやめさせることなく、スムーズに引き継ぎができました。

そういう意味では、私は要領がいいのでしょうか。

◆一生懸命やった結果ならわかってもらえる

□武沢

怖さなどという感情はまったくないですね。

怖さという感情は、なぜ出てくるのかというと、なにかを失うのではないか？　失敗するのではないか？　お金、時間、友人、信用を失うのが怖い、手放したくないってことだと思います。私にはなにもなかったので、これ以上失うものはないという状態だったのです。だから、まったく怖いものはないですよね。

ただ、私にも家庭はありました。へたをしたら家庭もなくしてしまうと思ったのですが、開きなおりました。

これで壊れるなら家庭ではないと思いました。むしろお父さんがチャレンジしてやって、受けたいいことも悪いことも全部共有するのが家庭だと。私が手抜きして、遊び歩いて博打をやって負けたとかだったら申し訳ないけれども、一生懸命やった結果ならば、わかってもらえるという気持ちがありました。

◆最終的には勝つ自信があった

□筒井

それは、私もまったく同じです。

なぜ香港に行くのか？　自分はやりたいことをやるが、一生懸命やりながら成功して、家庭に潤いをもたらすんだよ、と思ってやっているわけです。

妻が反対するとか、子どもが反対するとかは、許せなかったですね。

トラブルが起こって、それでも私を信用できずに別れるなら別れてくださいよと。

私にはこういう夢があって、この夢を実現することは、ついてはあなたたちにも豊かな生活をもたらすんだよ、という自信があったので、そんなことでぐじゃぐじゃいってくる女なら、いつでも別れてやるという強さはありました。

思った通りにならないことはあっても、最終的には勝つ自信があった。そういう強さがないとできないですね。そういう意味では武沢さんと同じですよね。

◆過信するくらいがちょうどいい

□白川

怖いとかはないですね。目標を作ると、どうにかなってきたのですね。50歳を過ぎてからほとんど目標は達成してきたのです。ラッキーなんでしょうね。

怖くなるという感情を持つことそのものが、内側で否定されているので、私はないと思っています。内側では過信するくらいのほうが、いいのです。根拠のない自信であっても、自信過剰くらいのものがありました。

50歳を過ぎてからの起業ですので、稼ぐ金額は固執してました。目標にお金をおいたので、結果として家族にも好環境になったのです。

50歳で今の通販コンサルタントを始めて掲げた目標が年商1億円。それを7年目に達成しました。

□筒井
私は浪費だらけですよ。

生産的なことは60歳以降ないです。出ていく一方ですよ。

各地に和僑会ができると、「初回だから、きてください」っていわれるでしょ。

「2周年パーティーがあるからきてください」

私はいわれるままに行くのです。アジア中には何十回ともなく行くのです。


セブ島に和僑会ができたら、行きましたし、マニラ、シンガポール、マレーシア、どこでも呼ばれたら行くのです。

もちろん、呼んでくれるのは嬉しいことですし、応援、支援という意味では浪費ではないかもしれないけれども、利益をうむわけではないのです。人のためにボランティア活動に使っているというとかっこいいけれど、そういうものかなあと。

◆失敗と成功は大差がないと気づく

□筒井

経験がないから怖いんですよ。失敗して経験をつみ、を繰り返しているうちに、失敗がないんだ、たいしたことないじゃないか、と思えるようになるのです。

失敗と成功は大差がないと気づくには、失敗を恐れず、経験をただ繰り返せばいいのです。最初から失敗しようと思う人は誰もいないだろうけれど、失敗を恐れて踏み出せないのは、経験がないからです。経験してしまえば、なんてことはないとわかってきます。

ただ、もちろん全力でぶつかっていくのは、ある意味いけないことです。たとえば、自分の会社に1億円しかないのに1億円投資してはだめですよ。

事業を始める時は、全力でしなければいけないけれど、ある程度の期間やってきてからは、1億あれば1千万はチャレンジに使うのです。その資産の一割は、新しいことの投資に使うということです。

チャレンジをしながら失敗を繰り返せば、経験になるということだと思います。若い人は失敗を恐れてはいけないが、全力でつぎ込んで失敗するのは、ギャンブルですから、よくないですよ。

まずは動くこと、が大事です。経験すること。もちろん、その中で余裕がないとだめですよ。まず動くと同時に考えましょう。いろいろな人を見ていても、未来について考えている人は少ないです。地下鉄に乗っていても、暗い顔でボケーとしているか寝ているか、スマホいじってるか、そんな人が多いですね。自分の人生についても仕事についても、これからどうしていくかを考えることをクセにしていれば、わくわくして仕方がないはずですよ。

こういう事業に関わるほうがいいのかどうか、考えて研究して本も読んで、じゅうぶんなことをやったと思ったら即実行、動くことです。考えるだけで行動しないのは意味がないです。

たとえば、中国についての講演会を10回聞いたとして、まだ中国に行ってないのでは、いつまでたっても前に進まないのです。実行しないで、ただ頭でっかちになってはいけません。即実行することが重要で、行動が遅いのはよくないんです。

考えて考えて即実行が私のパターン。そこまで考えても失敗するかもしれないですが、それは天命に任せます。

「人事を尽くして天命を待つ」とは、こういうことだと思います。

やるべきことを自分は、考えたんじゃないか。それで失敗したなら、それは学びであり、それは失敗ではないのです。

なぜ失敗したか、その原因を学ぶことができるのですから。

◆学べば怖さがわくわくになる

□武沢

仕事で怖いと感じたことはないんですが、実は、人に会うのは怖いのです。

たくさんの人の前で講演をするのは、めちゃくちゃ怖かったのです。

50代半ばまでは「こんな仕事、受けるんじゃなかった」と何度も思うくらい、怖かったわけです。

緊張してあがってしまうこともあったのですが、なぜ怖いのかといえば、未知のことだからです。誰も自分のことを知らないという場に出て、自分がそういう場でうまく立ち回れるかということもわからないじゃないですか。けれども、あることをするとその怖さを克服できるようになったのです。

明日会う数十人の経営者の人たちに、どういうことを伝えたいかを心から思い、伝えたいことへの自信が出てくると、怖さがなくなったわけです。

これとまったく同じことが、事業、経営についてもいえると思うのです。

未知だから怖いのは当たり前。むしろ、健全な感情かもしれないです。

だからこそ学ぶ、学んで未知でなくすることが怖さを克服することなのです。

私の最大のソリューションはなにかというと、これからやろうとしている事業計画をしっかり立てることです。

こんなにすごいことを立ちあげようとしているのだと夢中になっていくと、怖くなくなるのですよ。人前で講演するのが怖くなくなるのと同じように。
怖さをわくわくする気持ちに変えていく仕組みが、事業計画づくりだと思うのです。

◆知らないことをすぐに知る

□白川
私は通販もやったことがなかったわけですから、わからない、知らないことばかりですよ。知らないことを、いっぱい作るようにしています。そして、すぐにそれを知るようにしているのです。がんばってもプロには追いつかないので、いかにそのプロに早く出会うかということがポイントです。私はプロに出会うのは得意なので、できるだけ早くプロ中のプロのネットワークを作るのです。

早く出会う方法論としては、展示会やセミナーに行ったり、すぐに人に会いに行くというのが持論のひとつなのです。本を読んで興味をもったら、すぐ著者に会いに行くのです。断られたらそれでいいのですが、今まで断られたことはないです。

読者ですから、「本を読んでぜひお会いしたいと思いましたので30分、お時間をください」と、電話をして会いにきました。
1年半以上前の事例ですが、電話してお会いした著者と、2ヶ月後には一緒にホーチミン市の街中のリバーサイドレストランで酒を飲んでいました。

講演は苦手ですが、場数を踏めば慣れてきますから。
受講者はたったひとりでもいいし、100人の受講者の前でも同じです。

重要なキーワードのひとつには「スピード」があります。通販とも共通しますが、時間というものの制限はありますし、物理的に未来がそんなに長いわけではないので。

そして、もうひとつのキーワードは、「ライフワークとミッション」です。
私はミッションに準じるということでライフワークとしてこの仕事をやっています。
あらゆることにミッションがあるのです。
たとえば、お花見でもミッションがあると思うのです。
ただ酒を飲むだけでなく、人と出会うということがありますよね。

ミッションを共有できる人と出会っているわけですから。

ライフワークはどういうものなのか?

それにまつわるミッションは?

そういった問いかけを自分自身にしてみてはいかがでしょうか?

通販はストーリービジネスですので、自分のミッションをストーリー化してみるのが一番です。

◆理念を実現するための手段が会社

□武沢
司馬遼太郎の『峠』という小説があります。

主人公は、越後長岡藩の家老の河井継之助という人です。

彼の立場は、代々続いた徳川の譜代藩で、徳川家を守らなければならない立場です。

牧野家ですから三河侍のルーツ。

時流は、どう見ても官軍が正しい、徳川を早く滅ぼして開国しないと日本が沈没する。彼の知識情報ではそれが真実。

そこで彼が選んだ道は、越後長岡をスイスのように永世中立国にするということでした。ヨーロッパからガトリング砲という機関銃をもって無敵の藩にするわけですよ。流れ弾にあたって死ぬんですが、私は彼の生きざまが好きなのです。

彼には名言がいくつかあるのです。

その中で、「命は道具だ」というのがあって、「大工のノミやカンナのようにじぶんの命は道具にすぎない、それは志を実現するための道具だ」という言葉なのですが、私はこれが大好きです。

これを事業経営者にお伝えする時に、「会社も生きながらえることが目的ではない。存続することが目的ではない。理念を実現するための手段が、我が社である」という話をするわけです。

そういう意味で事業計画を作る時に、まっさきに作っていただくのは、数字や利益のための計画ではなく、今の自分にとっての志、会社にとってのビジョンや理念です。今まで、哲学や理念などを問われたことがないので、ここで多くの方が悶々とするのです。

とにかく食うためだ、家族を守るためだと事業を立ちあげていくのですが、何年かたつとはたと気づいて、自問自答する時がくるのです。

自分のオリジナルの哲学や理念を作っていただくために、私はメソッドのようなものを作りました。マンダラの書式を使うのですが、9マスのマンダラのまわりの8マスに8つの質問があるものです。

将来どんな会社にしたいか、どんなスタッフと仕事したいか、主力客は誰か？　などを定義していくことで自社の理念を考えやすくするフォーマットというものを作って、1時間格闘していただくと、横に他社の経営理念事例集50社のものがあるので、ほとんどの方が、ほぼ100パーセント例外なく作れるのです。

この完成度をあげていく、これのために自分は会社をやっているんだというものを高々と掲げていただけるような社長になっていただくのが、私のビジョンです。

そのために避けて通れないのは、自分の強みを自覚してもらうこと。

儲ける方法だとか、ごはんを食べる方法は無尽蔵に知恵や情報がありますが、自分にとってふさわしい方法は、そんなに無尽蔵にはないものです。

過去の人生の中に、情報やこたえはあるのです。


自分が夢中になったものは？

人と比べて自分の強み、スキルは何なのか？

と自問自答していくうちに、自社の事業計画を作っていくことができ、それが最速最短の方法なのです。


これが売れているからとか、トレンドだからという理由で、わくわくしないものを商売にしてしまうと、あれっ？　とあとから思う時がくるのです。

これから海外に行こうとしている事業家の人たちには、ぜひ自分とむき合って事業計画を作ることをおすすめしています。

◆わくわくと一生懸命がやりがいになる

□白川

異業種の方が新規事業で通信販売やりたいといった時、６ヶ月の期間と、５００万円で立ちあげます。というのを23年間やってきました。

最近の事例をいいますと、安来市、ここは日立金属の城下町。そこの下請け会社にご縁があって、部品のメーカーですから、直接消費者に売ったことが一度もないわけですよ。65年間、それで飯を食ってきたわけです。

社長が思ったのは、社内資産としてなにかないの？　ということでした。

研磨技術と、ドリルを作ることには独特の技術があります。

日立金属が中国国内に工場を移転して残った会社なのです。

なので化粧品、サプリや産直品などを売る選択肢はありません。

地域内には全国区の出雲大社があるので、七福神の自社の技術を使ってチタンを使ったブレスレットを作りましょう、ということになりました。社内の技術を使って、ゼロから6ヶ月で立ちあがりました。

商品を作って満足してはだめ。これから半年かけて、売るという方向に入るのです。売る時に視野に入っているのが海外です。イスラム圏はだめだが仏教国だったら通じるな、と思ったり。

コツコツと下請けの仕事だけやってきた社員の方々が、自社商品を持つと、わくわくするわけです。

BtoC商品ですから、日本ではテレビショッピングなどで、25000円くらいで売るつもりです。海外ではデパートなどを中心に売ろうと計画しています。

65周年記念式典の時に社員がいっていたのは、自社商品がない会社（下請け企業）ですから熱く売りたいということでした。海外に一緒に通っていた人も海外に行くとわくわくするとおっしゃいました。私もプラットフォームを作るだけの立場の人間ですが、海外に出ると楽しいし、わくわくするのです。夢があるじゃないですか。

自社商品を持ったわけです。海外も含めてやったことがないということで、女性の総務の方を担当者につけているんですが、一生懸命していくことで生きがい、社員、会社のやりがいとなっているのです。私にとってみれば、こういう仕事ができることは、私のライフワークです。実際社長始め担当者とハノイやバンコクに一緒に行きますから。

◆目的に夢を与えることが活性化

□武沢

先日真逆の会社がありました。

3000、5000食作っているお弁当屋さんです。

ホワイトボードにいろいろな案を出し、ひとつずつ可能性を求めていきましょうと、工場長に意見を求めたら、全部否定するんですよ。

「現場は疲弊しています。現場の疲弊感を社長はご存じない」というのですが、私は疲弊させているのはその工場長だと思うんです。

日々やっていることに「何個作れ」とか、数などしか目標がないので、疲弊していくんですよ。目的に夢を与えていないから、目的を見失って仕事をやらせると疲弊するのです。自分たちがやっていることに、意味や目的をもたせていくと活性化が始まりますからね。わくわくするわけです。

そういうものは、リーダーが決めていくものだと思いますよね。

◆夢は世界中に広げること

□筒井

75歳になりましたが、普通のサラリーマンあがりと違って、さらに自分のやってきたことに投資していこうと。和僑会は60歳から始めてアジア全域に行きわたらせたので、アメリカにも作ったんですよ。西海岸に。和僑会を世界に広げていくのが私の夢でもありますから。次は南米かな、と。

先輩の起業家たち、夢をもって海外に出て行った人たちは南米にいるなと。ペルー、ブラジルなど南米にいるから、そこへ出て行こう、という夢があるわけです。なにをしにいくかというと、最終的には和僑会を作るのですが、それまでにレストランをやったり、その土地で日本と比較してなにが不足しているんだろうかと、日本のすぐれている面はもって行くことができるんじゃないかと。

具体的には食品から始まるが、南米にはラーメン屋が少ないというので、ラーメン屋をどんどん100店舗、200店舗、1000店舗くらいは作れるのではないか？　と思っています。ラーメン屋を今年、来年くらいから始めていきます。

ペルーから始めて、チリ、エクアドル、ブラジルにどんどん広めていきます。そういう人たちもすでに頭の中にあって、沖縄の人が南米、ハワイに多いので、ハワイも含めて南米にここ数年は行く、俺はやってやるぞと。

死ぬまでこういう気持ちがあるでしょうね。たぶん。ミッションや志がなくなったら、私はもう生きる意味はないと思っています。

和僑と華僑とが手を結ぶのは、僕の次の世代かなと思います。自分はいつでも手を組んでもいいんですが、和僑はまだ華僑と比べると歴史は短いし、華僑は７００万人もいるなかで、和僑は１万人もいないじゃないですか。そんなことではいけないなと思ってはいます。

□筒井
インドにも広げていきたいのですが、インドに行っている日本人は少ないですね。インドはこれからどんどん発展していくところですし、可能性があります。非常におもしろい場所かなと思います。

私がいいたいのは、人生は１回きりしかないということです。どういう風に自分の人生を全うしていくのか？　が一番大切かなと。もちろんサラリーマンでも、自分がそれでよければ、いいんですけど、可能性は無限にあるのに、定年まで給料をもらって、そのあとどうするの？　って思います。

私は、鐵工所で働いていた工員だったのですが、まったく後悔していない人生です。やりたいことをただ一生懸命やってきて、今日があるのかなあと思って、後悔はしていないのですよ。やりたいことはすべてやってきたし、またこれからも10年、20年生きられたら、好きなことをして、生きていくだろうと思っています。

◆走りながら考える

□白川
私自身は走りながら考えるタイプで、考えている途中でも走り出すのです。ありがたいことに多忙のため、考える時間がなかったのもよかったですね。考え始めるとマイナスの考えも出てくるでしょうが、その時間がないので、マイナス思考が出てこないのです。


常になにか探していて、たとえば、午前中アポがあいたら、誰かに会える場所をすぐ探すのです。そうして、どんどん人脈を広げていくのです。

そういう人はそういう人を呼ぶので、類は友を呼ぶということですね。

のんびりした歩きかたをした人とは、出会わない気がします。

1カ月に名刺を100枚集めることも、ルーチンワークのひとつになっています。

この3人で高山の奥の温泉に行った次の日も、ひとり私だけが沖縄の石垣島の仕事を入れたりしていましたね。

◆1度きりの人生だから

□筒井
若い人でも中年の人でもいいんですけど、1度きりの人生を、どういう風に悔いなく生きるか？　ということなんですよ。

お亡くなりになる前に、お年寄りにお聞きすると、「あの時あ～すりゃよかった、こうすりゃよかった」ということが随分多いそうです。

私はそういうことが嫌いですから、やりたいことはすべてやります。境遇は恵まれていなかったけれども、やってやってやりまくってきたら、こういう人生がありましたということを参考にしていただきながら、悔いのない人生をおくってください。

60歳で定年になってから庭いじり、孫いじりくらいですませるのではもったいないですよ。「おめえさんたちはなにかい、人生は2度あるとか3度あると思ってんじゃないか？　人生というのは1度きりのもんだぜ」という中村天風の言葉があります。

絶対に悔いのない人生を歩むのだと決めてほしいですね。仕事もそうなんですけど、すべての面で。女も遊びもそうなんですけど。すべて後悔したくない、そういう生き方をしております。しようと思えばできるんです。

◆私たちに会いにきませんか？

私達に会いたければ、フェイスブックからダイレクトに繋がってもらって、実際に会える機会を作りたいと思います。

今、３人の会を結成していまして、プリンスクラブ事務局として、これから共同講演をしたりしていきますので、ご興味があれば、連絡をください。

現在は武沢信行が窓口になっています。

メールアドレス　武沢信行 <takezawa2006@gmail.com>

香港で２０１４年に発祥した和僑会は、２０１６年に世界展開を目指す組織ＷＡＯＪＥに生まれ変わりました。
https://waoje.net/
こちらにもぜひ顔を出してみてください。

〈著者プロフィール〉

■筒井修　WAOJE特別顧問（和僑会ファウンダー）／太陽商事 有限公司 董事長

1943年三重県桑名市出身。

40歳の時、香港名鉄の責任者として現地に赴任。

同社の撤退に伴い、私財を投じて名鉄から事業を引き継ぐ。

太陽商事 有限公司 董事長。

以来、衣料品・食品・建築資材・100円ショップなどへの対日輸出を次々と成功させる。

現在、日本の中小企業進出をサポートするため「和僑会」を設立。

活躍する在香港のアジアでの日本人第一人者となる。

和僑会会長を経て、現在 WAOJE特別顧問（和僑会ファウンダー）。

■白川博司　株式会社四方事務所 代表取締役

1945年東京都出身。1995年に四方事務所設立(2008年株式会社化)、同所代表となる。通販コンサルタントとして、メーカー、加工業、卸・問屋、住宅、小売、旅行、サービス、芸能プロダクション、墓石・葬祭など、これまでにあらゆる業種業態において、通販的手法を活用した新しい売り方、顧客・取引先開拓法、売上増大法を指導。

この23年間に380社以上の通販事業を立ち上げる。徹底した現場主義を貫き、北は北海道から南は沖縄まで月間30社以上、東奔西走で顧問先企業を回る多忙な毎日。

指導の特徴は2つ。

「資金500万円、6カ月で立ち上げること」、「営業利益10パーセントを必ず獲得すること」。

瀕死の企業からの依頼でも倍々成長を実現。中には、わずか5年で売上30倍増の100億円を突破させるなど、「実戦・実益のコンサルティング」を展開中。現在は、潜在需要の高い中国・アセアンを中心に、メイド・イン・ジャパンの通販商品を売り込むための「海外販路開拓ツアー」を年6回以上開催している。

東久邇宮文化褒賞　受賞（2017年）

□主な講師実績

日本経営合理化協会主催、商工会議所主催各種セミナー講師多数。

上海和僑会第一回オープンフォーラム　特別講師

「中小通販企業が成功する中国進出法」講師　（主催　日本流通産業新聞社）

「中小通販企業が成功する中国進出法」（主催　データマックス）

「いますぐ始める中国進出成功戦略とその戦術」（新社会システム総合研究所主催）

「利益を生む国内通販・国外通販」講師　（新社会システム総合研究所主催）

第5回和僑世界大会「物産展」オープニング基調講演　（バンコク）（タイ王国和僑会主催）

「通販成功マニュアル」（ネクスウェイ主催）

「アセアン進出実戦法」（トーマツイノベーション主催）

「コンサルタント『白川博司』が第一線で強く活躍し続けるために何をしてきたか、そして何を守ってきたか」（ドラゴンコンサルティング主催）

「粗利を稼ぐ通販事業の仕組み作り」（新社会システム総合研究所主催）

「なぜ今、より強い通販事業部が必要とされているのか」（富士通マーケティング主催）
「新規通販事業導入法」（苫小牧商工会議所主催）
「アセアン&中国進出の実像セミナー」専任講師（村岡ゼミ主催）
「どんな会社でもできる通販ビジネス必勝法」（しまね産業振興財団主催）
「シニア企業家を志す人のためセミナー」（主催 シニア元気総研）
「中国&アセアン進出の実態」（主催 NPOアジア起業家村推進機構）
「アジアセミナー」（主催 アジア経済戦略研究所）
「20年間のコンサルタント生活で常に心掛けていた事」（主催 ドラゴンコンサルティング）
「アジア中東販路開拓の実績と成功への道」（主催 ブレーンワークス）

□著書など
『小さな会社の通信販売実践術』（明日香出版）（絶版）
『仕組みで『売る』技術』（ビジネス社）
『通販成功マニュアル』（日本経営合理化協会出版局）
『50歳からの個人企業でもう一花咲かせたいときに読む本』（パンローリング社）

『中国通販成功マニュアル』（日本経営合理化協会出版局）
『白川博司の通販実戦会』（通販実戦レポート）（四方事務所主催 毎月発行）
「海外販路開拓ツアー」（隔月開催）
DVD・CD『通販革命』（アヴァンティ）
DVD『巨大化した中国市場への通販実践法』 発売元：（株）四方事務所

〈海外販路開拓ツアー〉とは

通販実戦会（主催者・白川博司）は「通販事業」と「海外進出」を支援する会です。

国内では、セミナー・現場実践会を毎月開催、通販実践レポートを毎月発行（毎月ＰＤＦ配信／Ａ４．15ページ）しています。

海外としては「海外販路開拓ツアー」を年5回以上開催しています。

通販コンサル顧問先企業や実践会・会員の海外進出を目的として２０１０年から商談会を中心としたツアーを継続的に開催しています。

本書でも書かれている通り、バンコクの事務所を中心に、中国（大連・深川・香港）、タイ（バンコク）、ベトナム（ハノイ・ホーチミン）、ミャンマー（ヤンゴン）、カンボジア（プノンペン）等、各国での商談会を実践しています。

学会では、サンプルや商品を目の前にし、少人数でのプレゼン商談会を実施。

現地でのパートナー企業とは定期的にこれらを行い、デパート催事やネットショップ、ＴＶショッピングでの販売を行っています。

「通販実戦会」及び「海外販路開拓ツアー」の詳細は、通販実戦会 公式サイトをご覧ください。

http://shirakawahiroshi.jp/

■武沢信行　有限会社がんばれ社長 代表取締役社長／経営コンサルタント

1954年岐阜県出身。愛知県名古屋市在住。

製造業、小売業、社会人教育会社を経たのち、1994年に経営コンサルティング会社有限会社がんばれ社長を設立し、現在にいたる。

2000年8月に経営者向け日刊メールマガジン『がんばれ社長!今日のポイント』の配信を開始、読者数約24000人に毎日配信している。

海外で活動する起業家組織『和僑会』顧問として香港、上海、北京、広州、バンコクなどでもコンサルティング活動を展開している。

□主な講師実績

1995年より愛知中小企業家・経営指針講座の公認講師を勤め、延べ700社の経営計画書作りを指導してきた。

埼玉、長野、山形、広島、岐阜の中小企業振興公社「経営自立化塾」のメイン講師を担当するなど、経営計画指導歴は20年に及ぶ。

講演や研修では、富士通、ニフティ、ＮＥＣ、リョービ、日本経営合理化協会、船井総合研究所「コスモスクラブ」、ソフトブレーンサービス、サンウエーブ、ジューテック、ニューズ・ツー・ユー、ゴトウ経営（滋賀ダイハツ）輝き塾、日本ダイカスト工業組合、ＮＷＢ協議会、ヤマハジュニア会、清和会、日本青年会議所、ＪＣ青年の船とうかい号、山口銀行、百十四銀行、各地の「非凡会」、海外異業種交流会「和僑会」……他多数。

□著書など

『当たり前だけどわかっていない 経営の教科書』（明日香出版社）
『朝10分　熱い経営実現シート』（明日香出版社）
『「絶対に達成する」習慣』（サンマーク出版）
『「勝ち抜く経営者」の絶対法則』（インデックスコミュニケーションズ）
『使える！社長の四字熟語１００選 経営に効く！』（こう書房）
『独立成功のカギ　メンターのチカラ 起業家編』（ミラクルマインド）

無料メールマガジン『がんばれ社長！今日のポイント』

■日刊メールマガジン『がんばれ社長！今日のポイント』は、日々孤軍奮闘する企業経営者に知識や情報、それにやる気と情熱を提供する経営者のための〝やる気刺激マガジン〟です。２０００年８月の創刊で、平日は毎日配信し、バックナンバーは４０００本、号外配信１５００本、計６０００本にのぼります。土日祝日を除く毎日発行中！

経営者はもちろん、経営幹部、起業をお考えの方もこの機会に是非どうぞ！

★メルマガ登録（無料）はこちらから

http://e-comon.jp/touroku

「世界起業」のススメ
『和僑会』を創った男達

2018年6月30日〔初版第1刷発行〕

著　者　　　筒井 修　白川 博司　武沢 信行
発行人　　　佐々木 紀行
発行所　　　株式会社カナリアコミュニケーションズ
〒141-0031　東京都品川区西五反田6-2-7
ウエストサイド五反田ビル3F
TEL　03-5436-9701　FAX　03-3491-9699
http://www.canaria-book.com

印　刷　　　本郷印刷株式会社
編　集　　　夢叶舎
装丁・DTP　小林 真美

ISBN978-4-7782-0430-3　C0034

カナリアコミュニケーションズの書籍のご案内

2018年2月26日発刊
1800円（税別）
ISBN978-4-7782-0424-2

ベトナム成長企業60社 2018年版

ブレインワークス　編著

アジアの昇り竜、ベトナム。
選りすぐりの成長著しい親日派ベトナム企業からの
熱いメッセージ満載。

ここ30年でベトナムの国内総生産は100倍以上に急上昇。
世界貿易機構に正式に加盟し、一層自由貿易を進めている。
日本はベトナム最大の援助国で、
経済的結びつきも強い。
今、ベトナムで注目を集めている成長企業の連絡先等の貴重な情報を一挙公開！

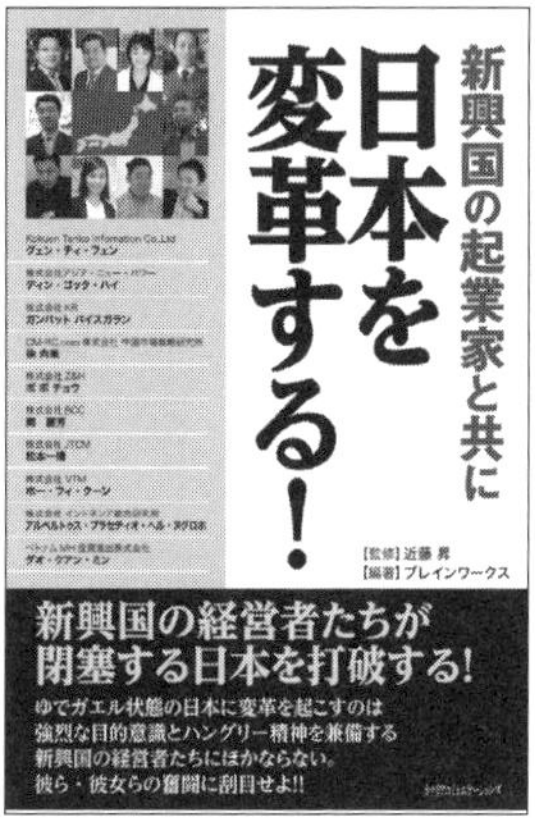

2018年3月15日
1400円（税別）
ISBN-978-4-7782-0417-4

新興国の起業家と共に 日本を変革する！

近藤　昇　監修　ブレインワークス　編著

商売の原点は新興国にあり！
新興国の起業家と共に日本の未来を拓け！！

新興国の経営者たちが閉塞する日本を打破する！
ゆでがえる状態の日本に変革を起こすのは
強烈な目的意識とハングリー精神を兼備する
新興国の経営者たちにほかならない。
彼ら・彼女らの奮闘に刮目せよ！！